reinhardt

Roger Mäder

Basel aus der Vogelperspektive

Friedrich Reinhardt Verlag

Mit freundlicher Unterstützung von:

Alle Rechte vorbehalten
© 2012 Friedrich Reinhardt Verlag, Basel
Fotos: Roger Mäder
Lithos und Druck: Reinhardt Druck, Basel
ISBN 978-3-7245-1851-8

www.reinhardt.ch

Inhaltsverzeichnis

Riehen
    Fondation Beyeler
    Riehen
    Wenkenpark
Hirzbrunnen
    Badischer Bahnhof
    Paracelsusstrasse
Kleinhüningen
    Rheinhafen Kleinhüningen
Unteres und Oberes Kleinbasel
    Matthäus und Klybeck
    Rheinweg
    Mittlere Brücke
    Wettsteinplatz
    Wettsteinbrücke
    Wettsteinquartier
    Warteck
    Rosental
    Solitudepark
    Grenzacherstrasse
St. Johann
    Kehrichtverbrennung
    St. Johanns-Park
    St. Johanns-Tor

Kannenfeld – Spalen
    Kannenfeldplatz
    Spalentor
    Antoniuskirche
Bachletten – Neubad
    Basler Zoo
    Pauluskirche
    Paulusquartier
    Viaduktstrasse
    Heuwaage-Viadukt
Bruderholz – Gundeldingen
    Bruderholzallee
    Gundeli
    Unterer Batterieweg
    Wasserturm
    Margarethenpark
St. Alban – Gellert – Breite – Lehenmatt
    St. Jakob-Park
    Breite und Gellert
    Grosspeterstrasse
    Malzgasse
    Nauenstrasse
    St. Alban-Rheinweg
    St. Alban-Anlage
    St. Alban-Tor

Innenstadt
    Aeschenplatz mit Aeschengraben
    Bahnhof SBB
    Elisabethenanlage
    Steinen
    Kohlenberg
    Theater
    Barfüsserplatz
    Barfüsserkirche
    Münster
    Petersgasse
    Nadelberg
    Petersgraben
    Fischmarkt
    Marktplatz
Basel-Landschaft
    St. Margarethen-Kirche
    Sternwarte St. Margarethen
    Kraftwerk Birsfelden
    Bottminger Weiherschloss
    Autor

Riehen

Fondation Beyeler

Das vom italienischen Stararchitekten Renzo Piano gestaltete Beyeler Museum in Riehen. Das Gebäude sollte einfach sein und im Einklang mit der Umgebung Natur, Tageslicht und Kunst in ein spannendes Verhältnis zueinander stellen. Besondere Aufmerksamkeit widmete der Architekt dem Dach. Es lässt das wechselnde Tageslicht in den Ausstellungsräumen erfahrbar werden.

Riehen

Die Landgemeinde Riehen ist die zweitgrösste Stadt der Nordwestschweiz und hat doch ihren dörflichen Charakter im Zentrum bewahrt. Alte Gebäude und moderne Bauten ergänzen sich harmonisch.

Wenkenpark

Der Wenkenhof, zu dessen Anlage der Wenkenpark gehört, wurde erstmals im Jahr 751, über 300 Jahre vor der ersten Nennung des Ortes Riehen, als «Wahinkofen» erwähnt.
Um 1736 wurde der «Neue Wenken» angelegt, ein barockes Sommerhaus mit Gartenpavillon. Die prächtige Gartenanlage, ursprünglich nach dem Vorbild französischer Gärten errichtet, wurde im 19. und 20. Jahrhundert mehrmals neu angelegt und erweitert.

Hirzbrunnen

Badischer Bahnhof

Das Hauptgebäude des Badischen Bahnhofs wurde
vom Schweizer Architekten Karl Moser gebaut und am
13. September 1913 nach langwierigen Bauarbeiten eröffnet.
Der Badische Bahnhof liegt zwar auf Schweizer Staatsgebiet,
er gehört jedoch zum Zollgebiet Deutschlands.

Paracelsusstrasse

Die hinter dem Badischen Bahnhof gelegene Paracelsusstrasse wurde früher unter anderem Gotterbarmweg genannt. So hiessen im Mittelalter Strassen, die in Richtung Richtstätte, also zum Galgen, führten. Es war der letzte Weg der Hingerichteten und Gott sollte sich auf diesem Weg ihrer Seele erbarmen. Zum 400. Todestag des Basler Arztes Theophrastus Bombastus von Hohenheim, auch Paracelsus genannt, wurde die Strasse 1941 umgetauft. Rechts an der Eugen Wullschleger-Strasse befindet sich die eindrückliche und einzige Siedlung in Basel, die nach dem Vorbild englischer Arbeitersiedlungen erbaut wurde.

Kleinhüningen

Rheinhafen Kleinhüningen

Der Rheinhafen Kleinhüningen liegt beim Dreiländereck. Der grösste Binnenhafen der Schweiz verfügt über zwei Hafenbecken und ein Wendebecken. Der Hafen wurde zwischen 1922 und 1939 errichtet.

Unteres und Oberes Kleinbasel

Matthäus und Klybeck

Matthäus und Klybeck, auf Baseldeutsch «Glybi» genannt, waren früher typische Arbeiterquartiere und sind von Industriebauten geprägt.

Rheinweg

Der Untere Rheinweg führt von der Mittleren Rheinbrücke bis zur Dreirosenbrücke am Rand der Kleinbasler Altstadt direkt am Rhein entlang. Die Klingeltalfähre «Vogel Gryff» verbindet den Unteren Rheinweg mit der Rheinpromenade auf der Grossbasler Seite. Zentrale Gebäude sind die Kaserne mit ihren Künstlerateliers und das Museum Kleines Klingental. Auf dem Kasernenareal findet alljährlich das «Basel Tattoo» statt.

Mittlere Brücke

Die erste, hölzerne Brücke liess Bischof Heinrich von Thun 1225 errichten. Sie trug einiges dazu bei, dass Basel zu einem wichtigen Handelsplatz wurde. Die Brücke überlebte viele Hochwasser und sogar das grosse Erdbeben von 1356. Um 1835 setzten die Diskussionen um einen Neubau ein. 1903 begannen die Architekten Emil Faesch und Friedrich von Thiersch mit dem Bau der neuen, steinernen Brücke, die 1905 eingeweiht wurde.

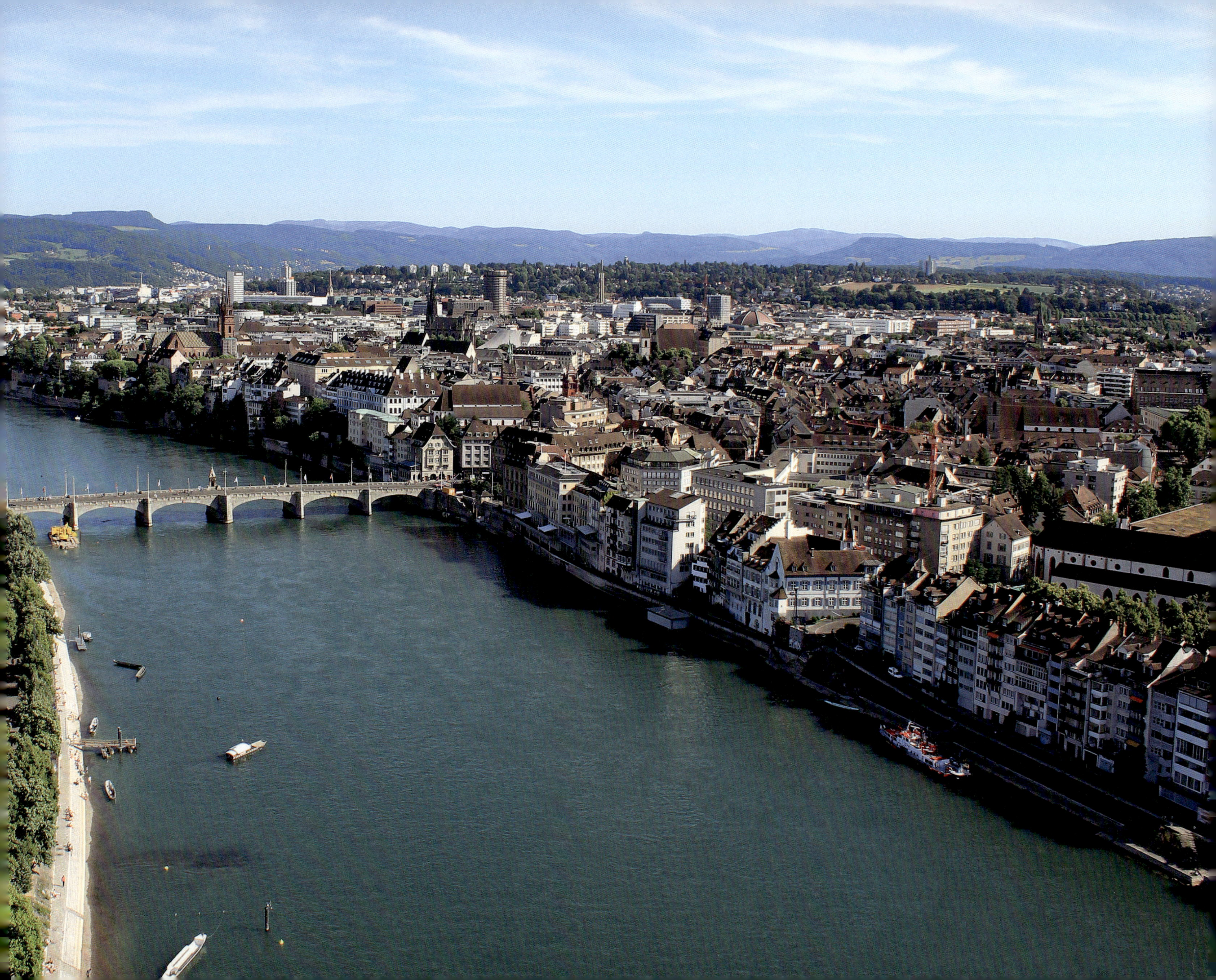

Wettsteinplatz

Vor der Theodorskirche am Wettsteinplatz steht der Wettsteinbrunnen mit dem von Alexander Zschokke geschaffenen Denkmal von Johann Rudolf Wettstein (1594–1666). Der Basler Bürgermeister erwirkte als Vertreter der Eidgenossenschaft im Westfälischen Frieden 1648 die endgültige Unabhängigkeit der Schweiz vom Deutschen Reich.

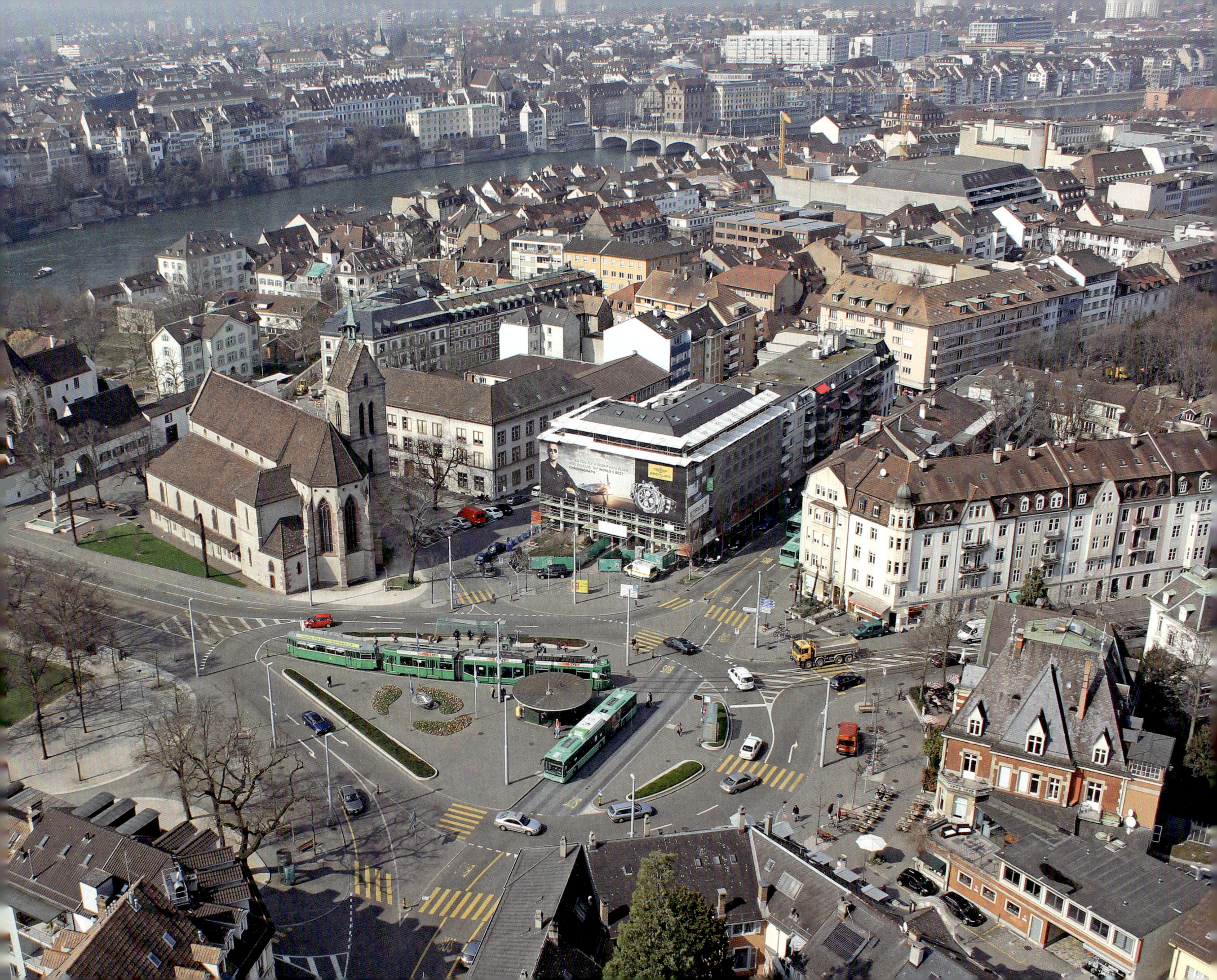

Wettsteinbrücke

Am Kleinbasler Brückenkopf der Wettsteinbrücke befindet sich das Waisenhaus mit der Kartäuserkirche. Auf der Grossbasler Seite bewacht ein imposanter Basilisk die Brücke, die 1879 feierlich dem Verkehr übergeben wurde. Allerdings hiess sie zunächst noch Harzgrabenbrücke. In den 90er-Jahren (1992–1995) entstand unter Verwendung der beiden Strompfeiler die jetzige Wettsteinbrücke.

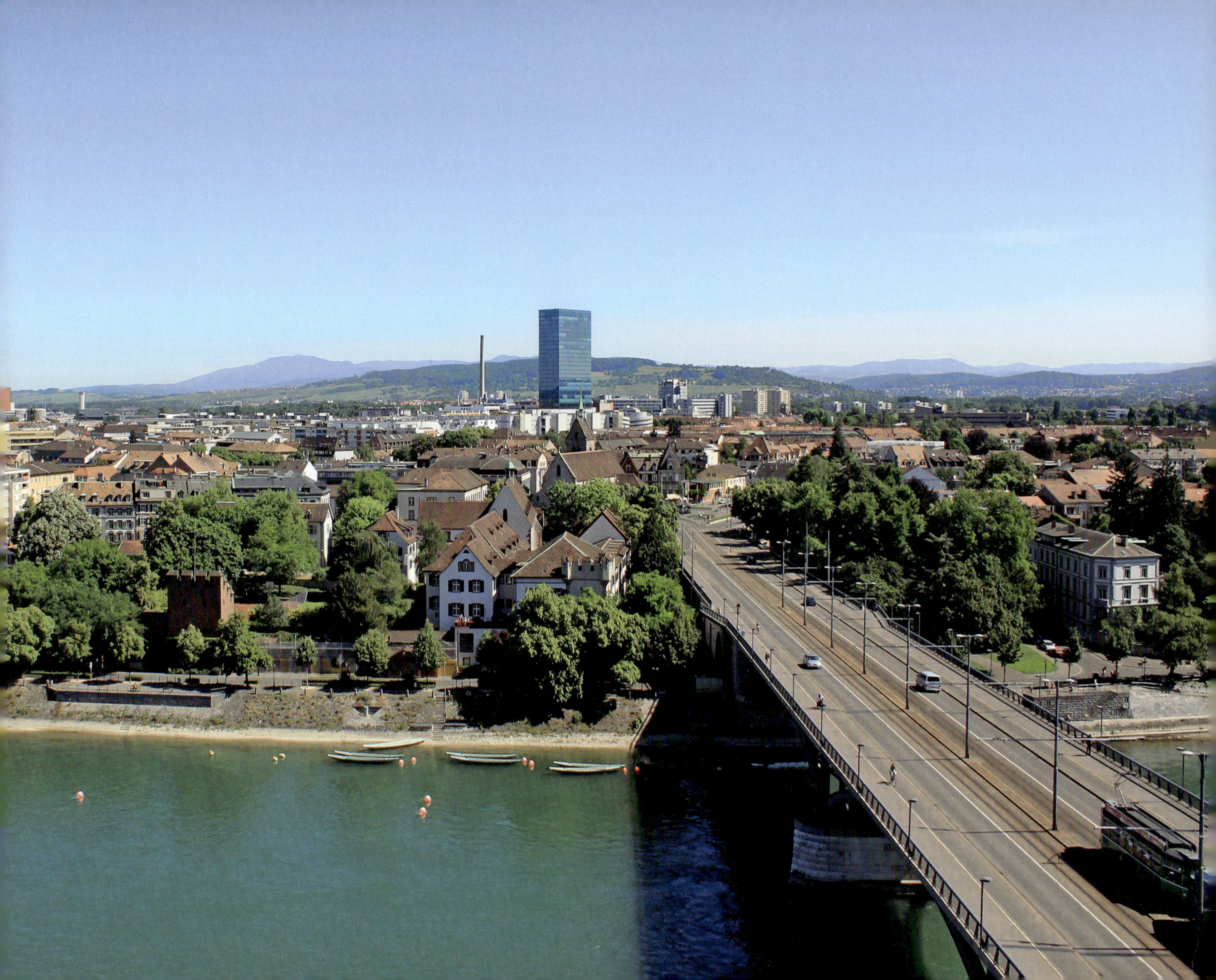

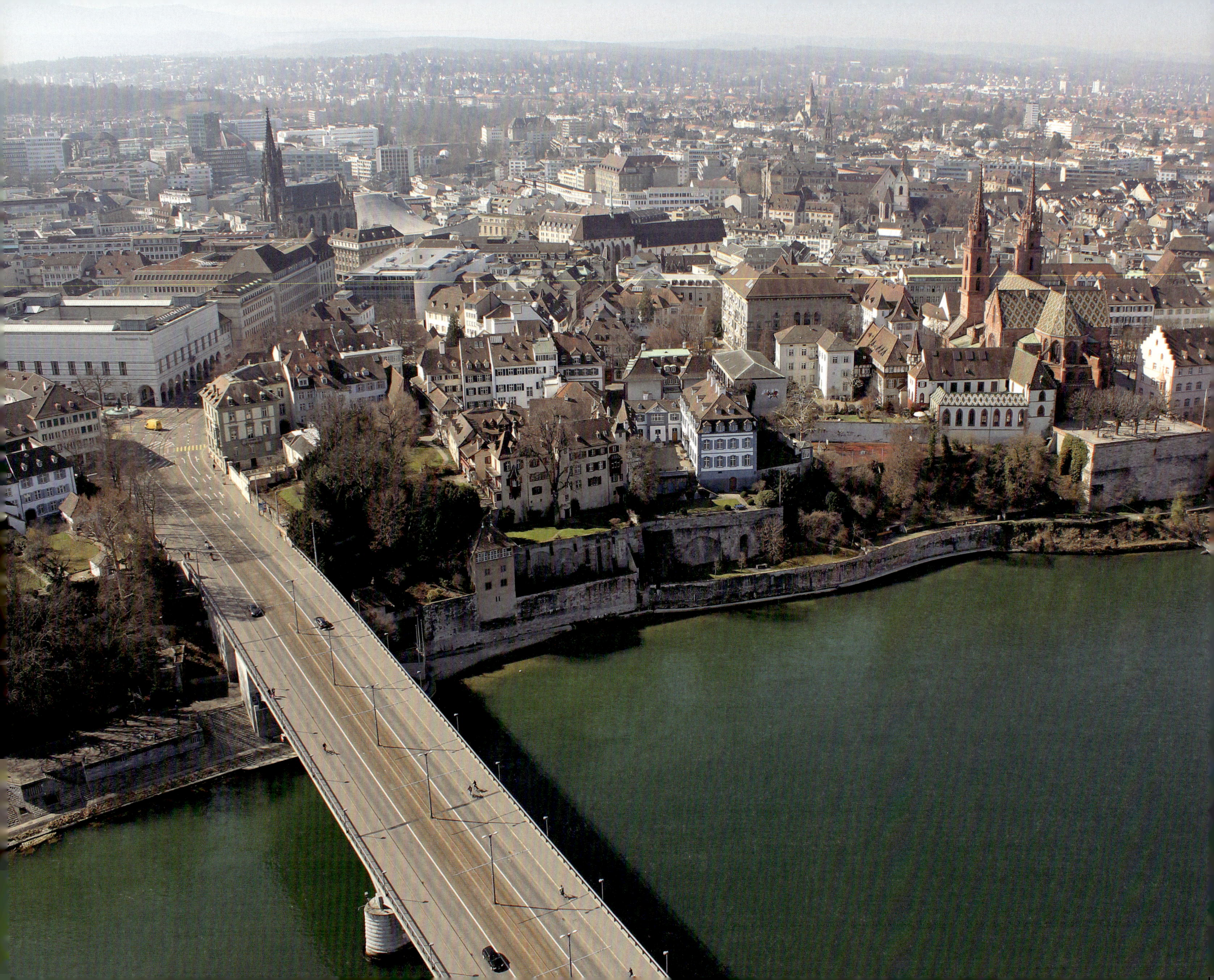

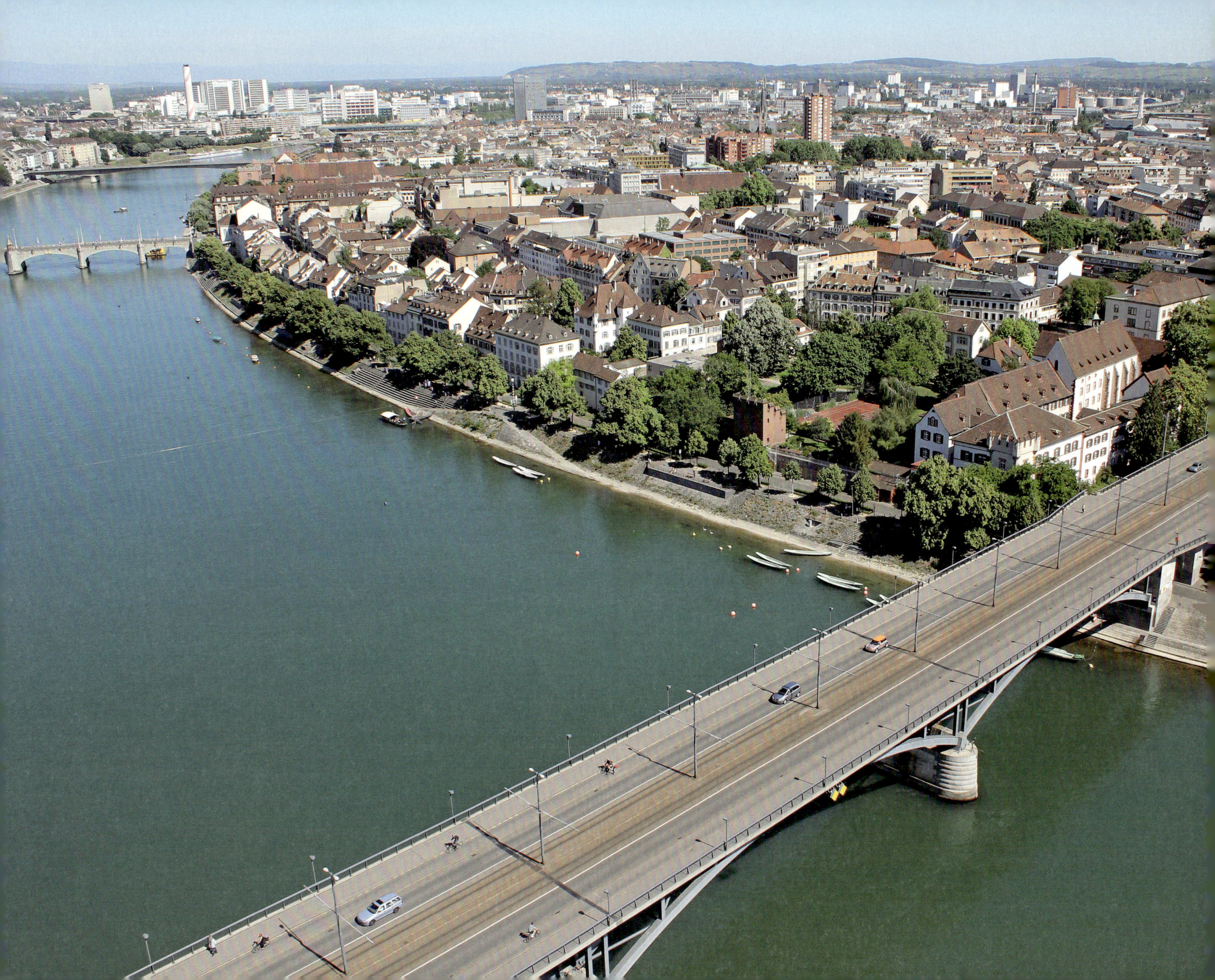

Wettsteinquartier

Hoch über der Theodorsgraben-Anlage überblickt man das obere Kleinbasel mit dem Wettsteinplatz und dem Messegelände im Hintergrund.

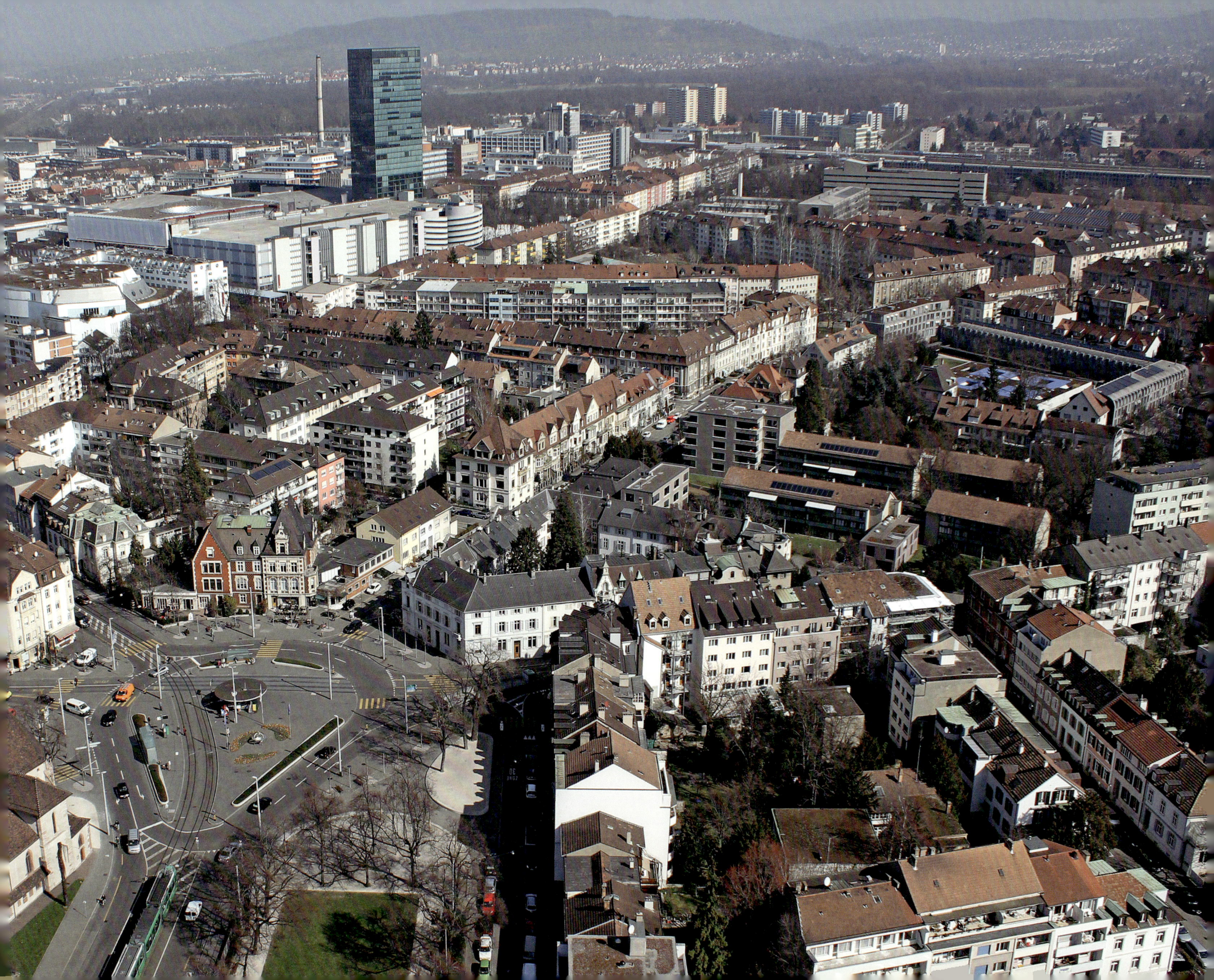

Warteck

Bis 1990 wurde auf dem Warteck-Areal Bier gebraut. In den ehemaligen Industriebauten sind heute Gastronomiebetriebe, Künstlerwerkstätten und Ateliers untergebracht.

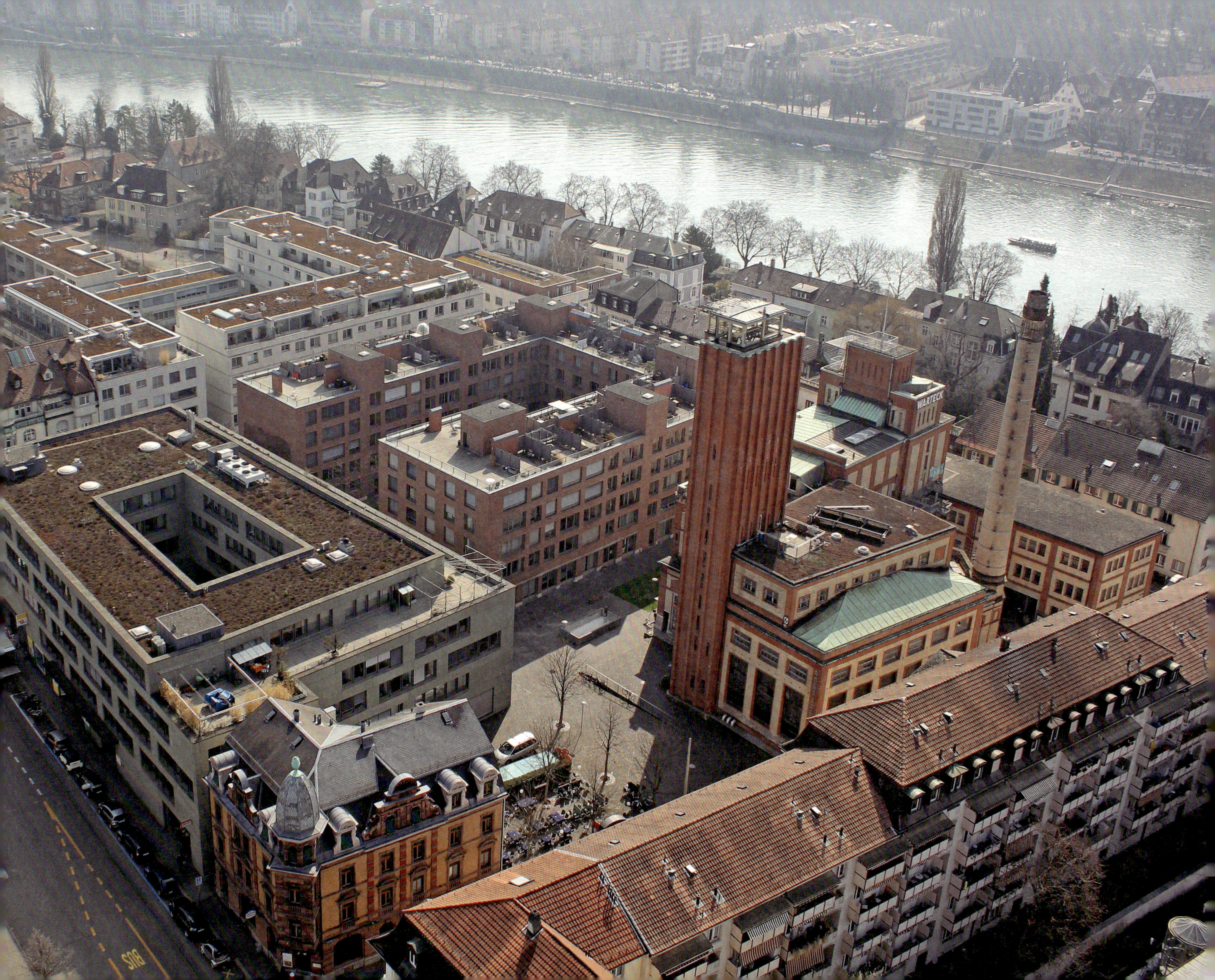
WARTECK

Rosental

Der Stadtteil Rosental mit seinem Zentrum, der Rosentalanlage, liegt im Kleinbasel. Der Name stammt von einem früheren dort gelegenen Landgut, das «zum Rosental» hiess. Linker Hand befindet sich der altehrwürdige Landhof, auf dem der FC Basel jahrzehntelang seine Heimspiele austrug. Das übernächste Foto zeigt den 105 Meter hohen Messeturm sowie das Messegelände, welches durch die Architekten Herzog & de Meuron eine markante Modernisierung erfahren hat.

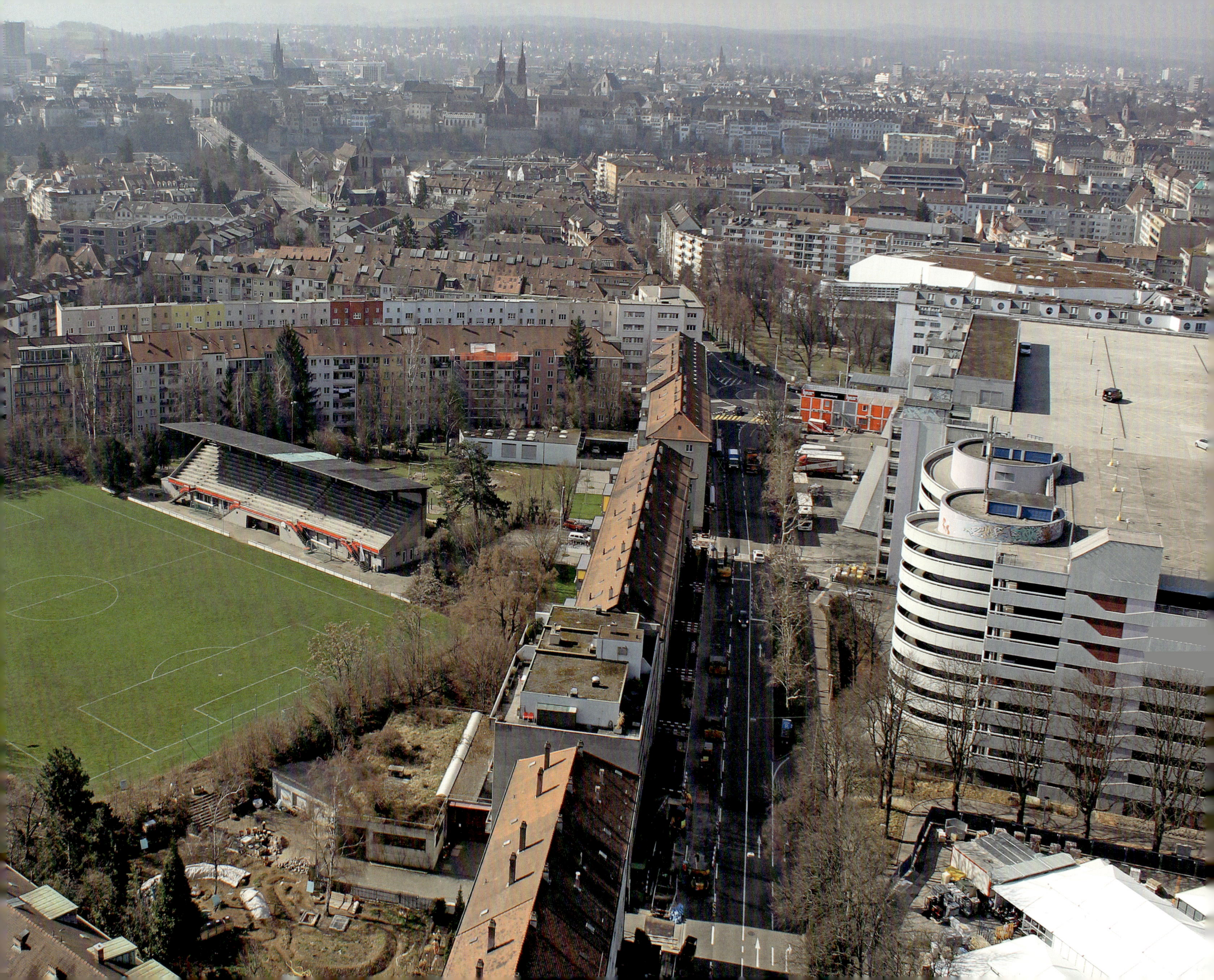

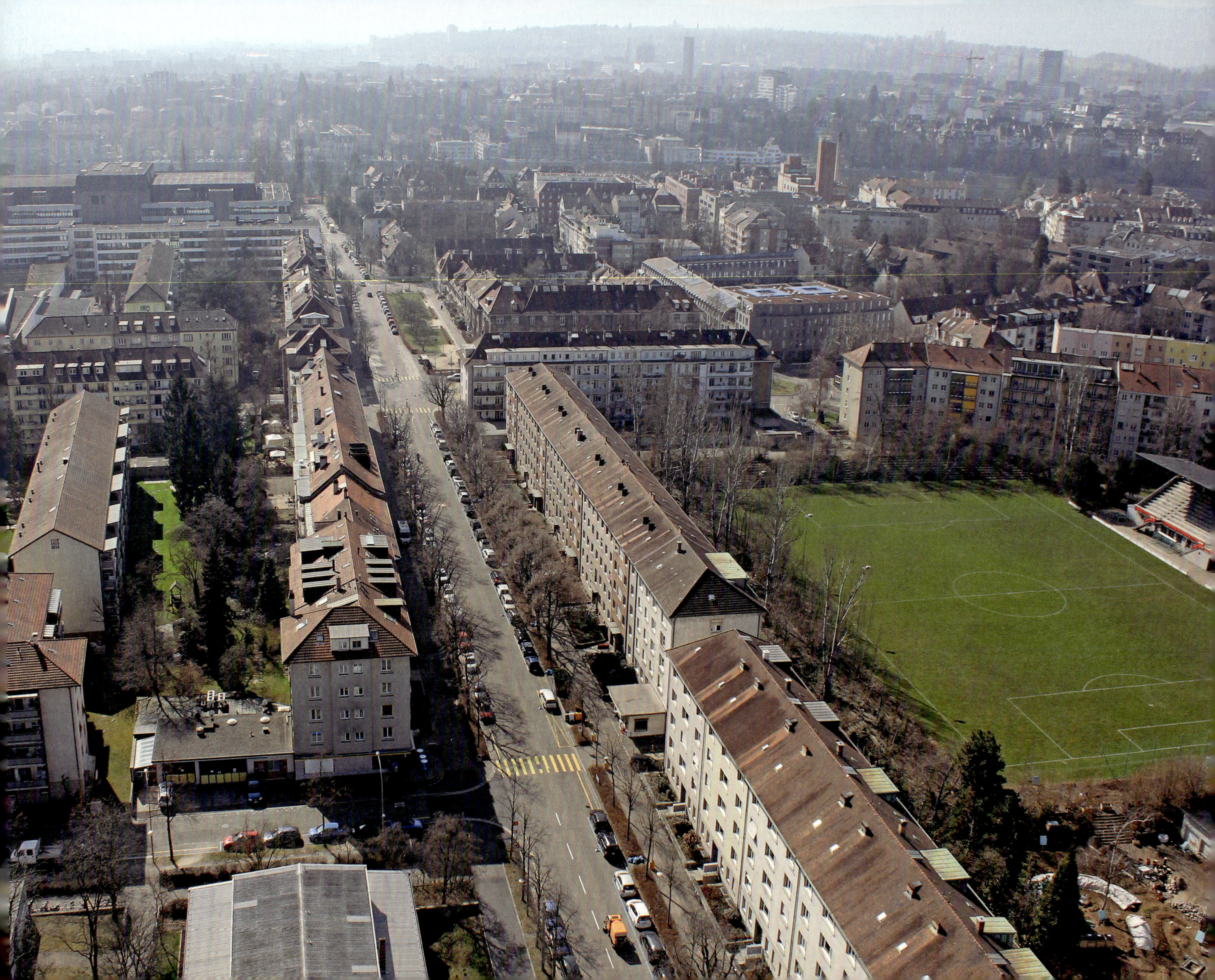

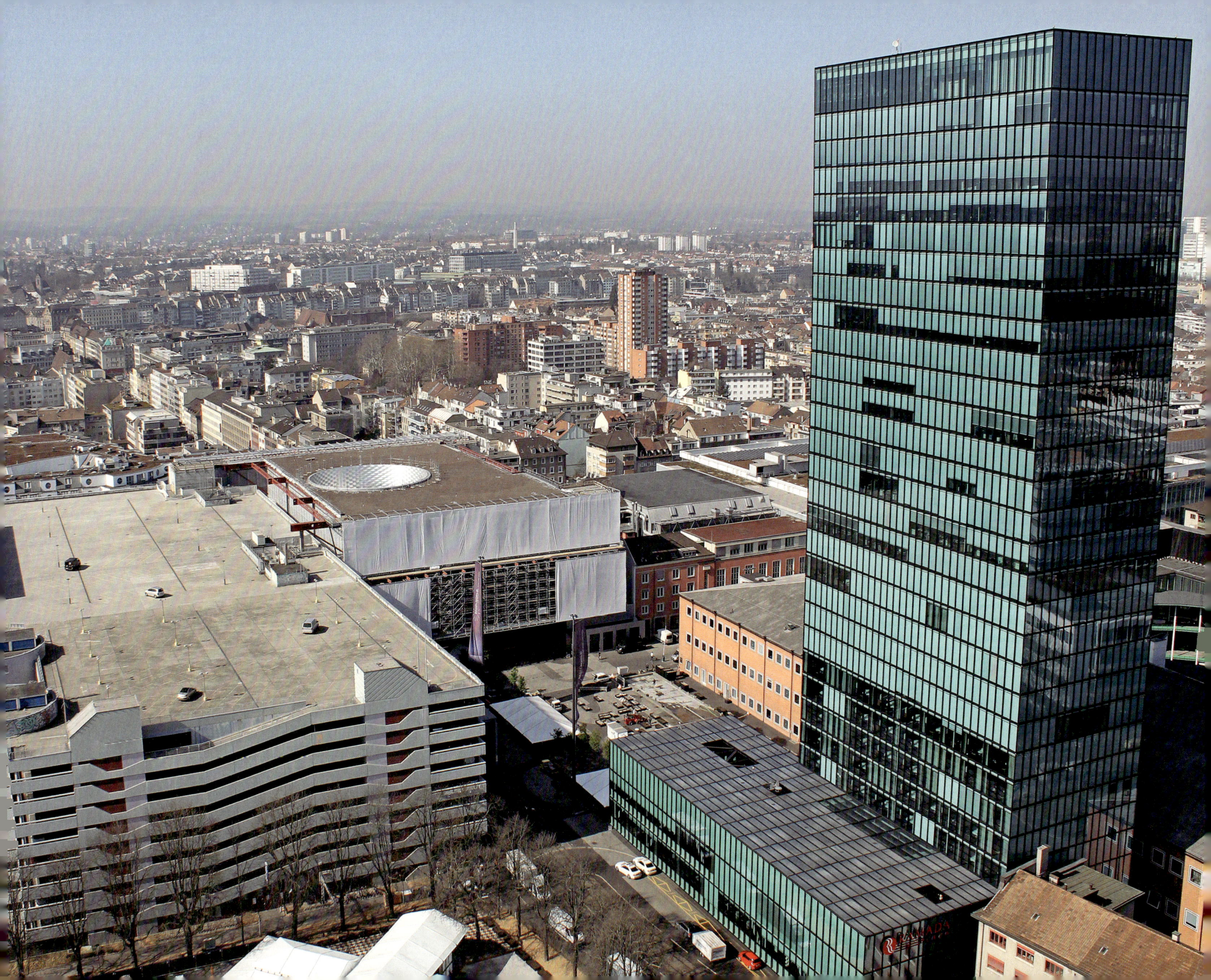

Solitudepark

Der Solitudepark liegt im Kleinbasel neben dem Tinguely-Museum am Rhein und lädt zum Verweilen ein. Die Solitudepromenade führt von der Schwarzwaldbrücke dem Rhein entlang bis zum Schaffhauserrheinweg.

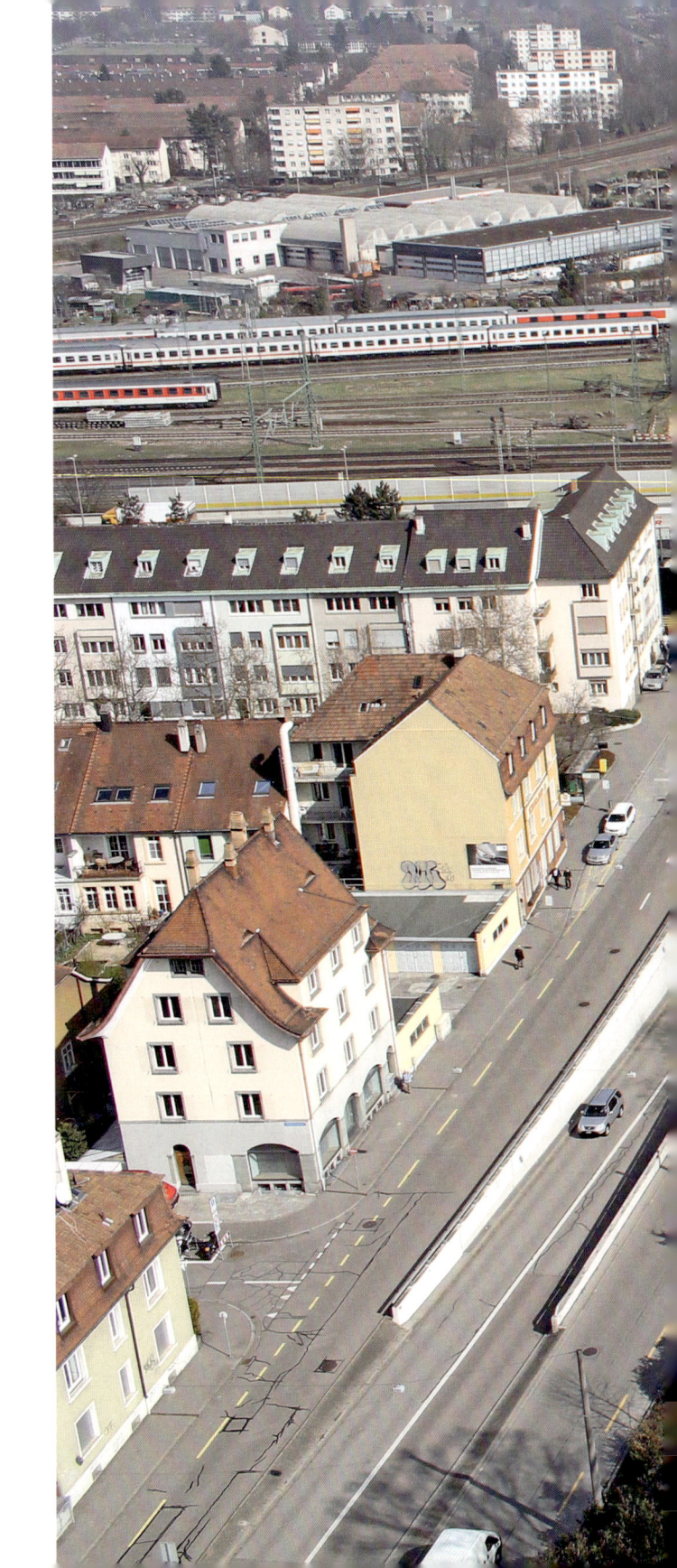

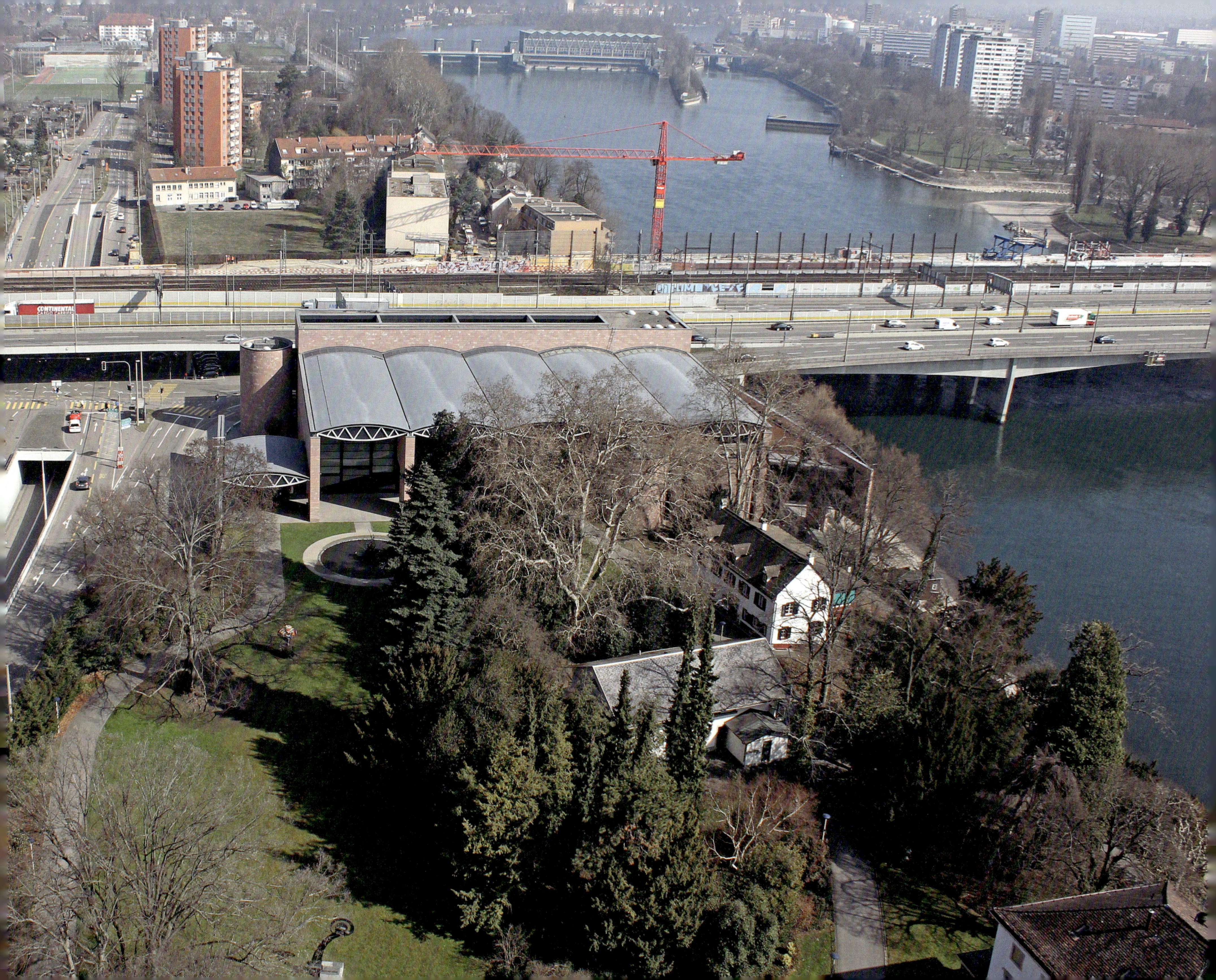
CONTINENTAL

Grenzacherstrasse

Der wohl prominenteste Bau ist das Museum Tinguely, das an die Grenzacherstrasse angrenzt. Es wurde vom Architekten Mario Botta erbaut und ist dem Leben und Werk des Eisenplastikers Jean Tinguely gewidmet. Die Dauerausstellung zeigt Werke des Künstlers von den Anfängen mit motorbetriebenen Reliefs bis zu den Grossplastiken und pandämonischen Zyklen der letzten Schaffenszeit. Im Hintergrund ist ein Teil der Gebäude des Pharmakonzerns F. Hoffmann-La Roche AG zu sehen.

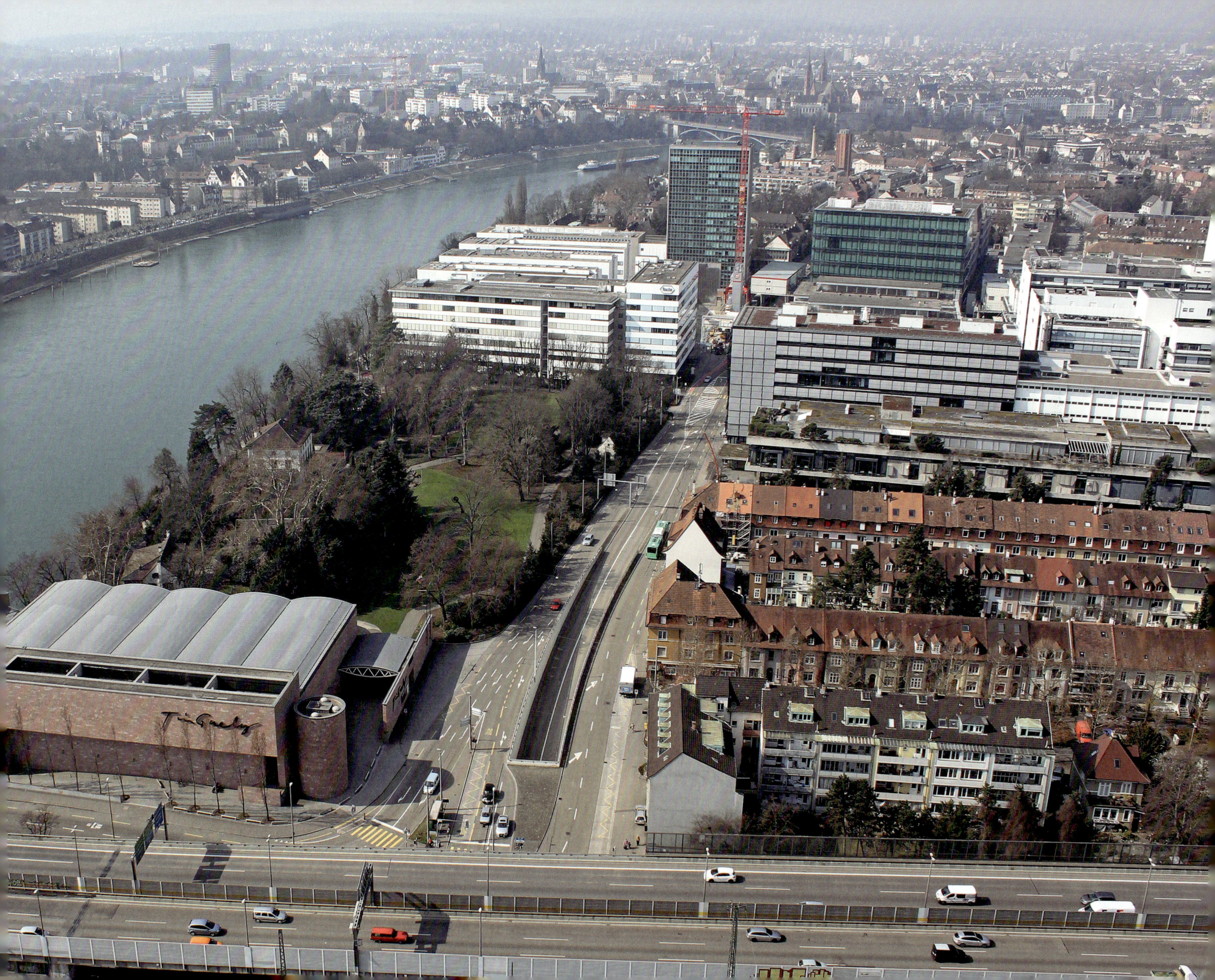
Tinguely

St. Johann

Kehrichtverbrennung

Am Ende der Strasse «Im Wasenboden» ist die Kehrichtverbrennungsanlage der Stadt Basel mit ihrem Turm sichtbar. Die jährliche Verbrennungskapazität beträgt rund 200 000 Tonnen.

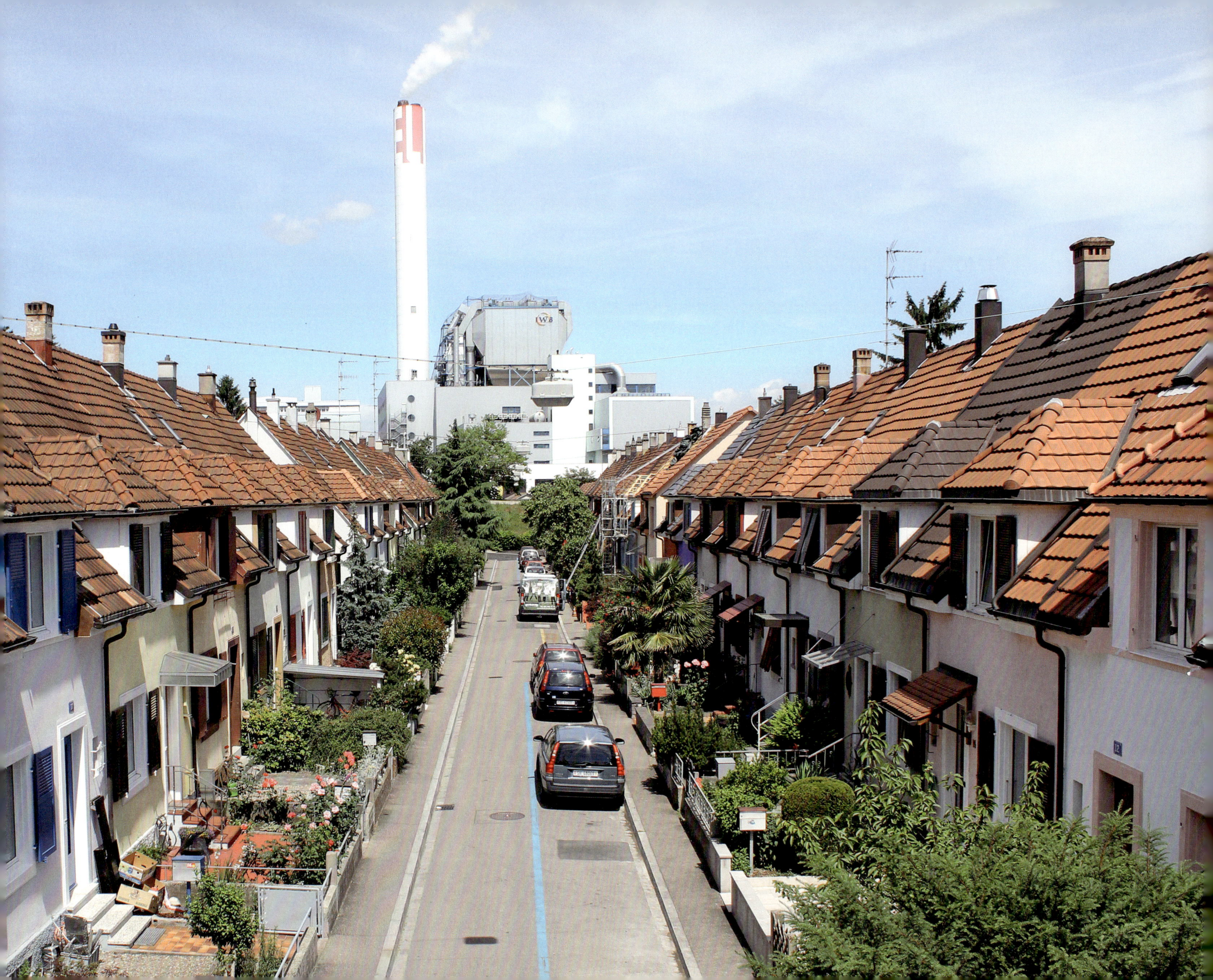

St. Johanns-Park

Im St. Johanns-Park, dem einstigen Gottesacker und Schlachthof, finden die Menschen Erholung und Natur. Direkt neben dem Park befindet sich das Kulturzentrum Rhypark. Mit der Ueli-Fähre gelangt man ans gegenüberliegende Rheinufer, das man auf den folgenden Seiten sehen kann.

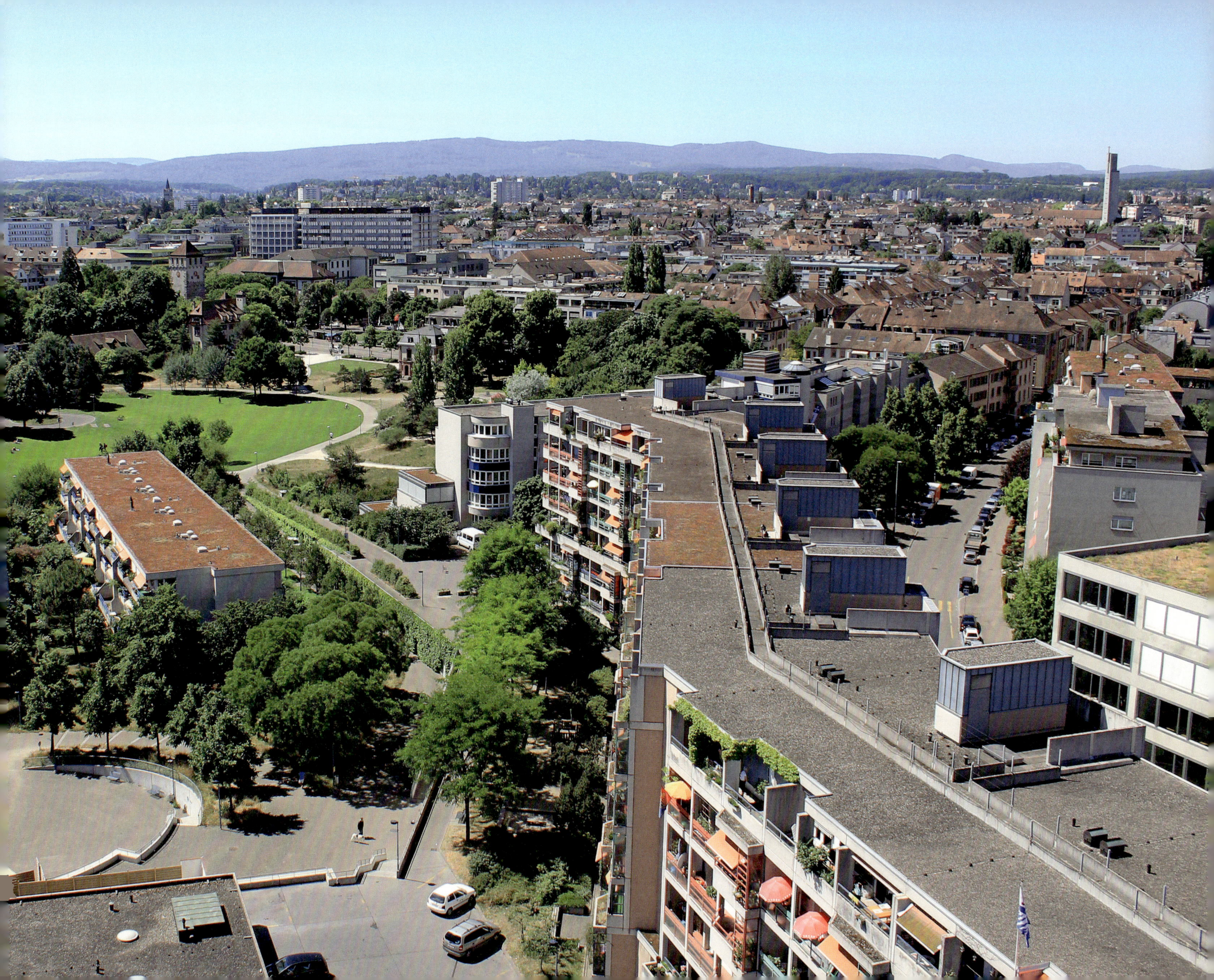

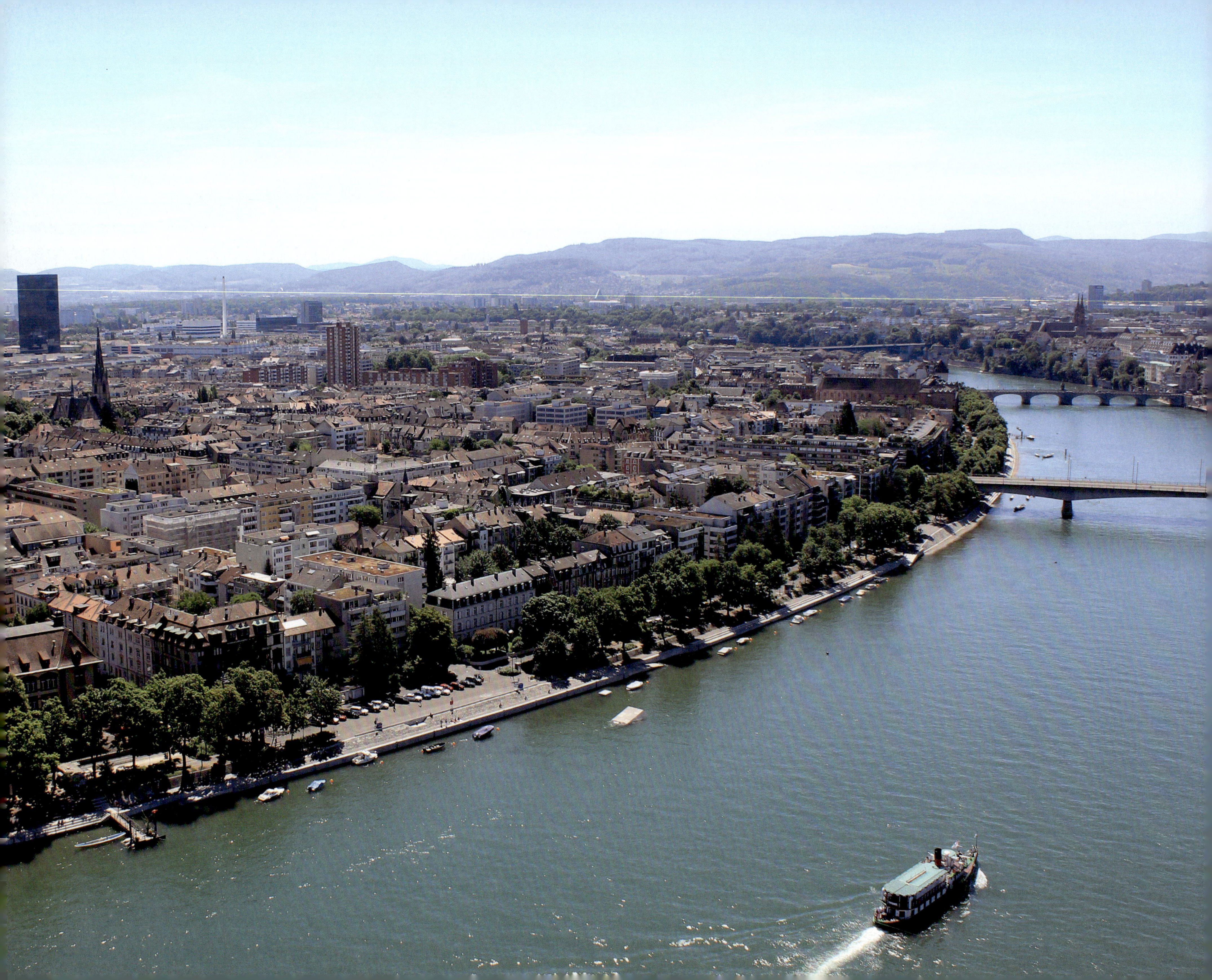

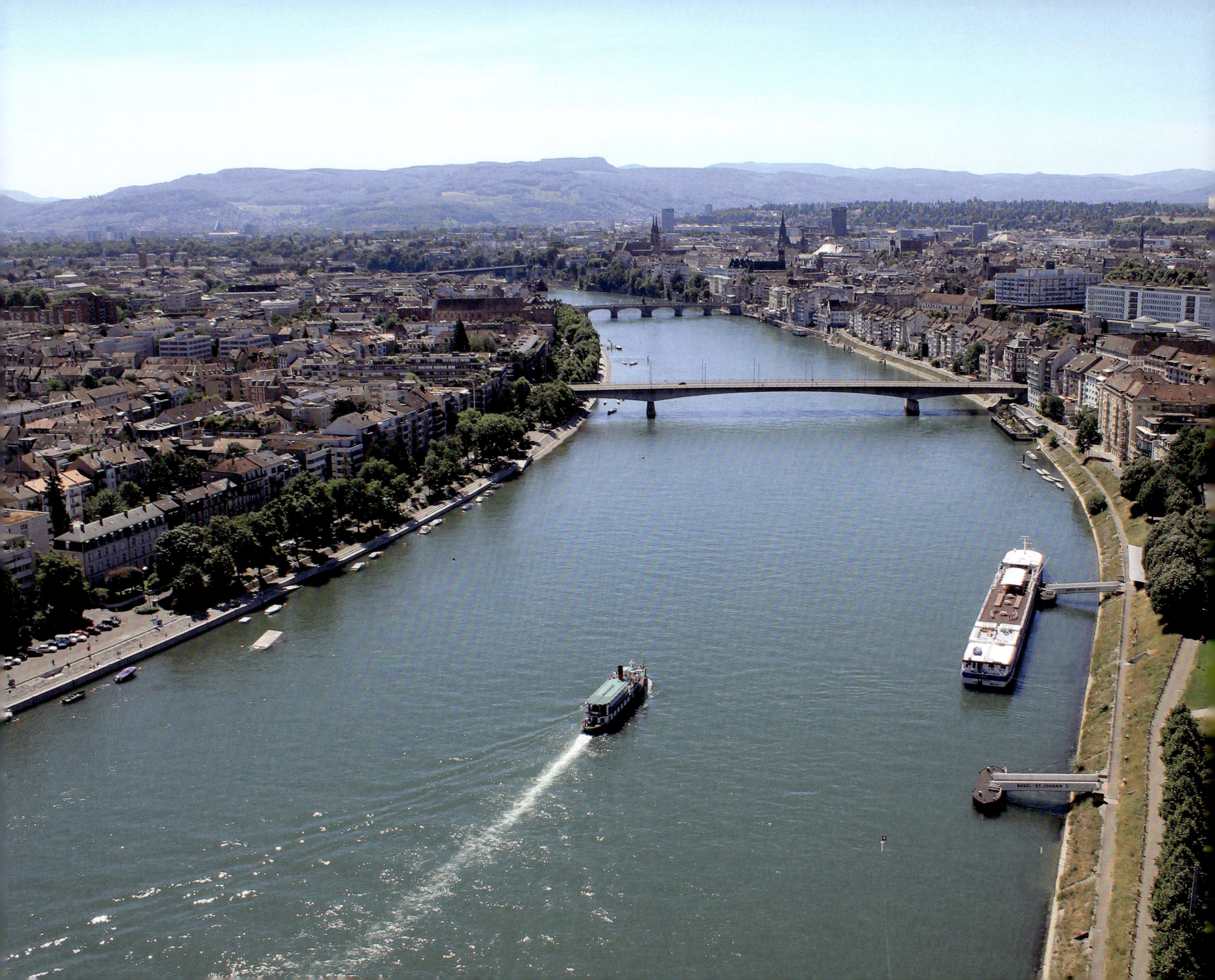
BASEL-ST.JOHANN 2

St. Johanns-Tor

Das St. Johanns-Tor ist eines der noch erhaltenen drei Stadttore der alten Stadtmauer Basels, zusammen mit dem St. Alban-Tor und dem Spalentor. Es wurde zwischen 1367 und 1375 erbaut und steht unter Denkmalschutz.

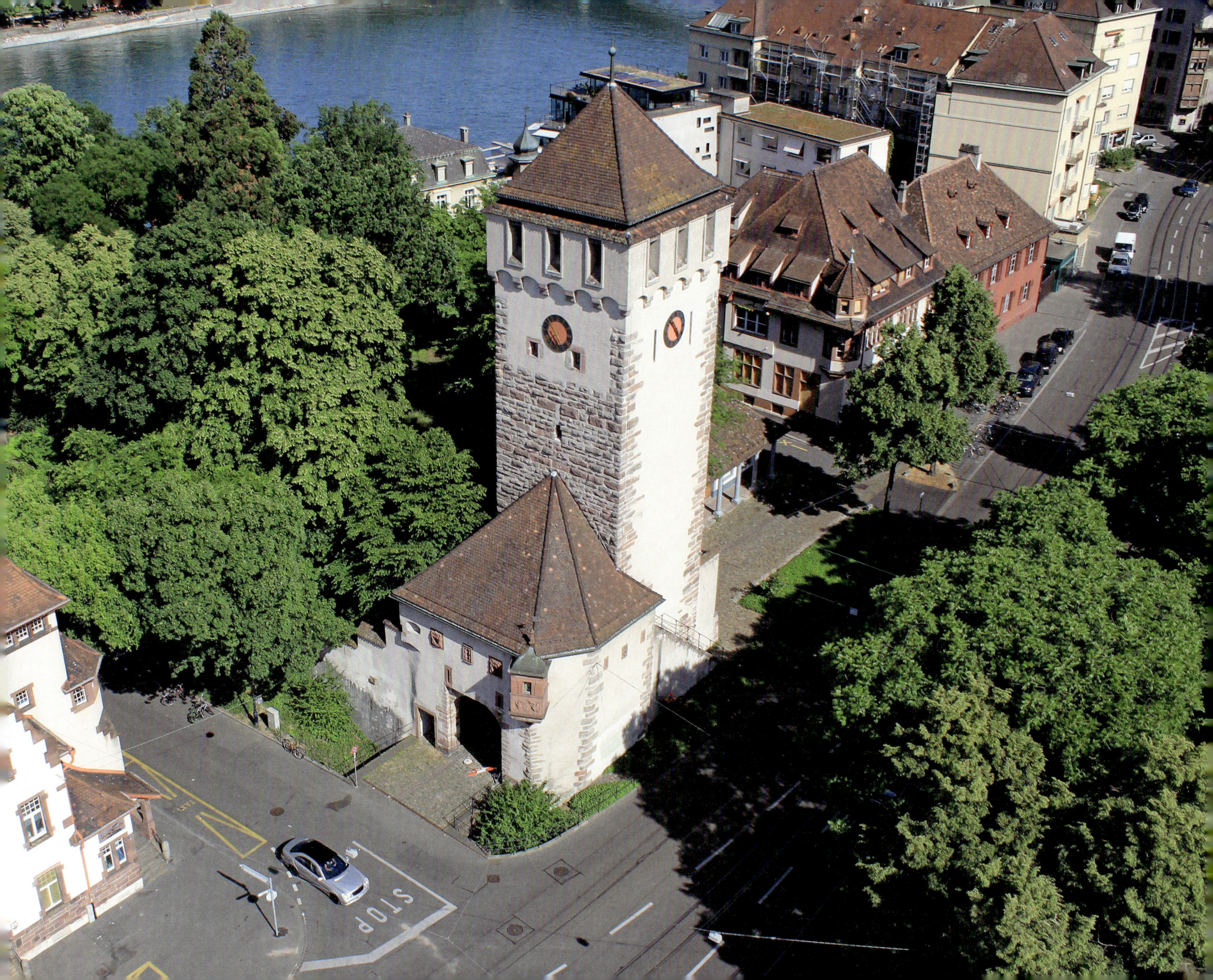
STOP

Kannenfeld
Spalen

Kannenfeldplatz

Der Kannenfeldplatz mit dem angrenzenden Kannenfeldpark, der ursprünglich ein Gottesacker, also ein Friedhof, war. Dieser hat seinen Namen wohl vom Gasthaus «Kanne», das auf dem Grundstück stand, welches die Stadt damals für die neue Friedhofsanlage ausgesucht hatte.

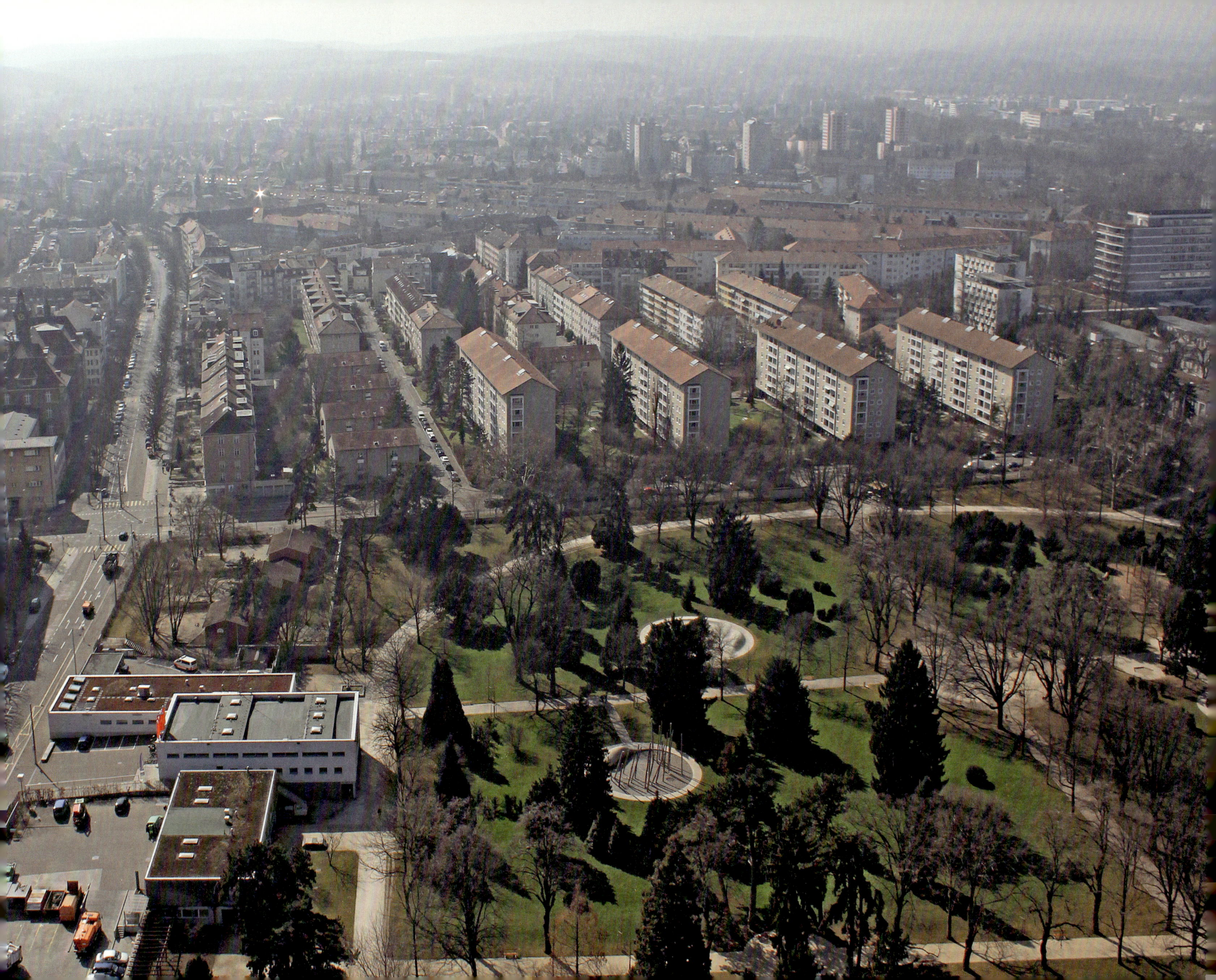

Spalentor

Das Spalentor wurde im späten 14. Jahrhundert gebaut, als die äusserste Basler Stadtmauer errichtet wurde. Es besteht aus Vorwerk, Hauptturm und Seitentürmen und ist eines der drei Türme, die vom Abbruch der Stadtmauer im späten 19. Jahrhundert verschont blieben. Das Spalentor steht in Richtung Frankreich und schützte Basel vor den fremden Angreifern, die auf dieser grossen Anmarschroute auf die Stadt zukamen.

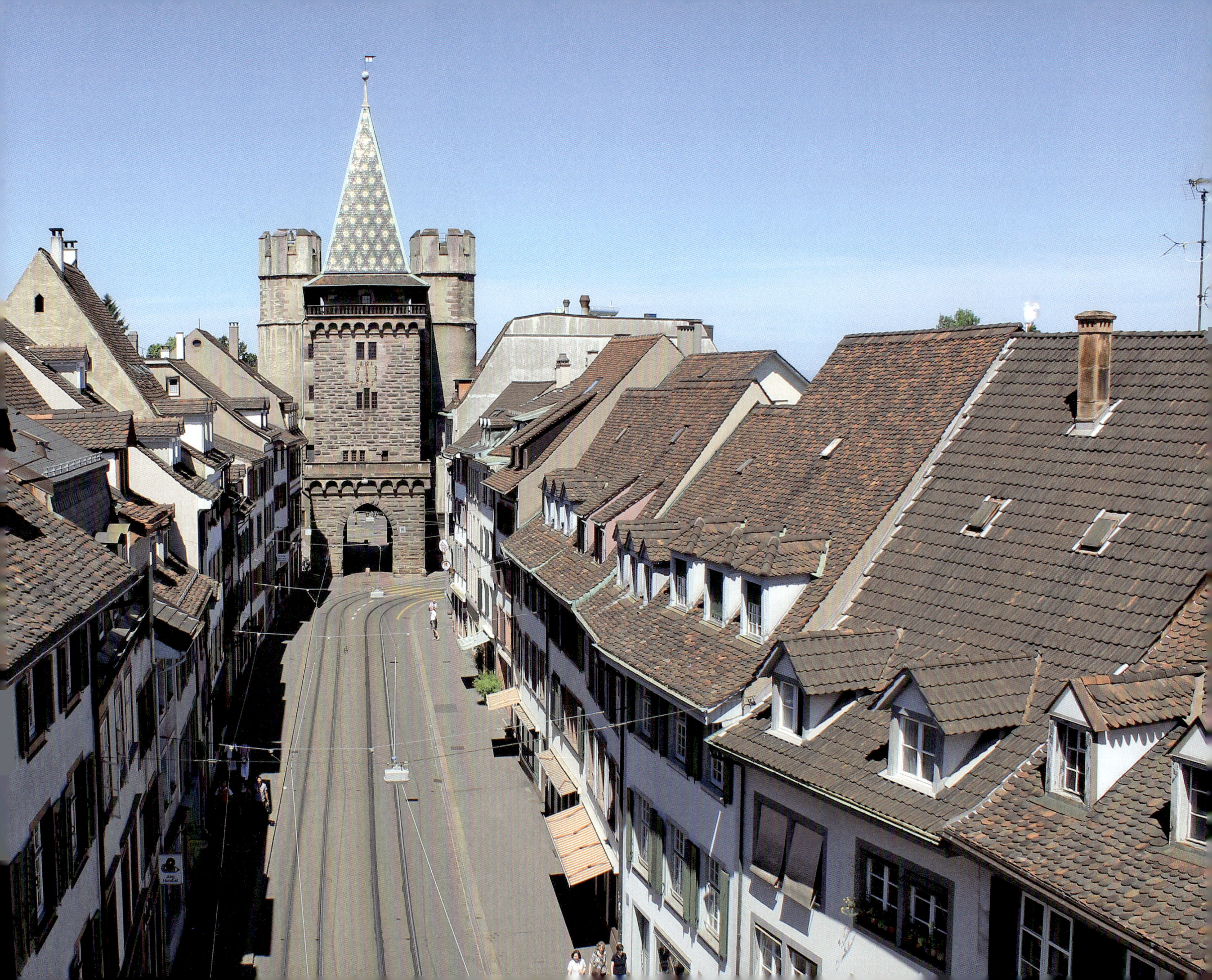

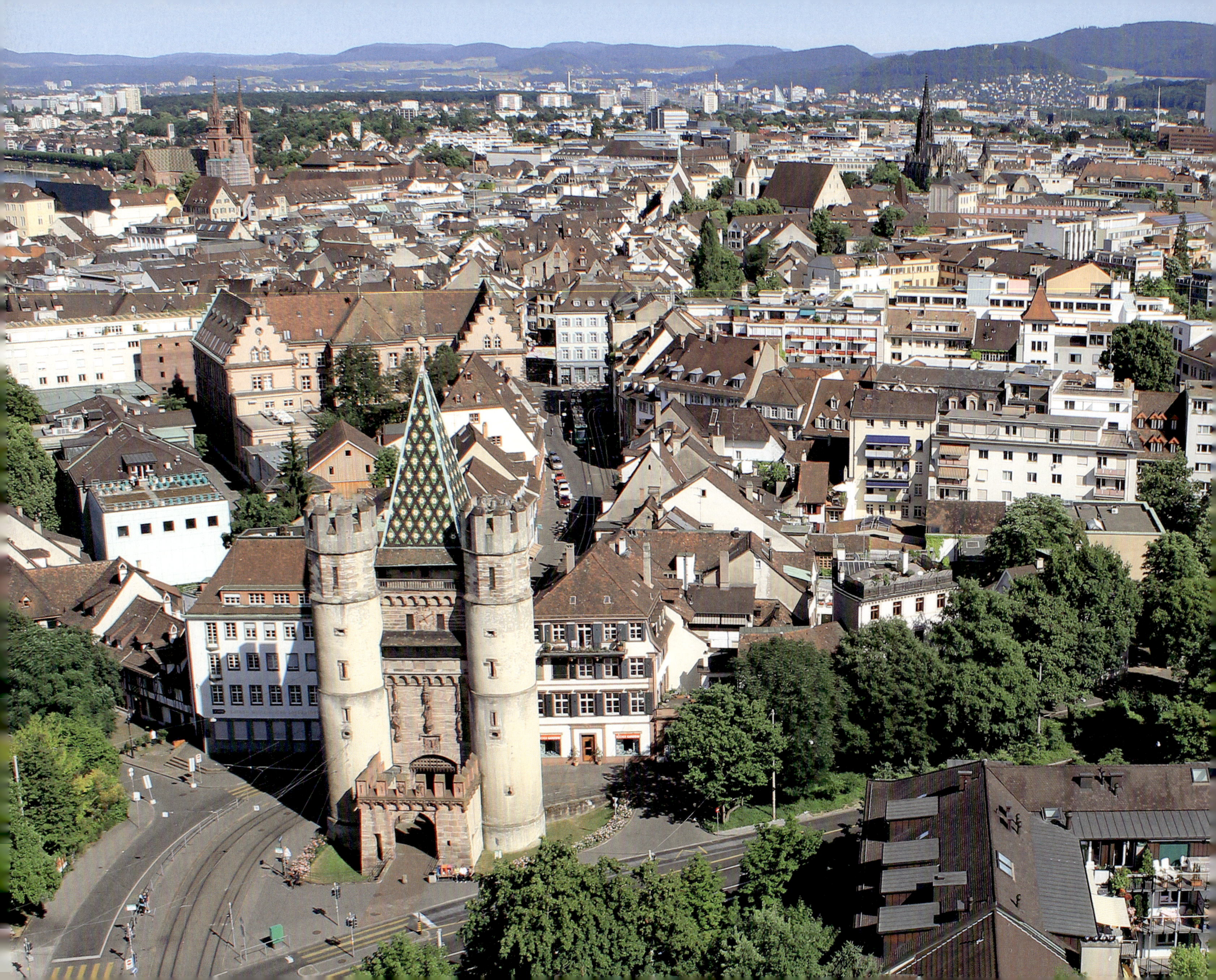

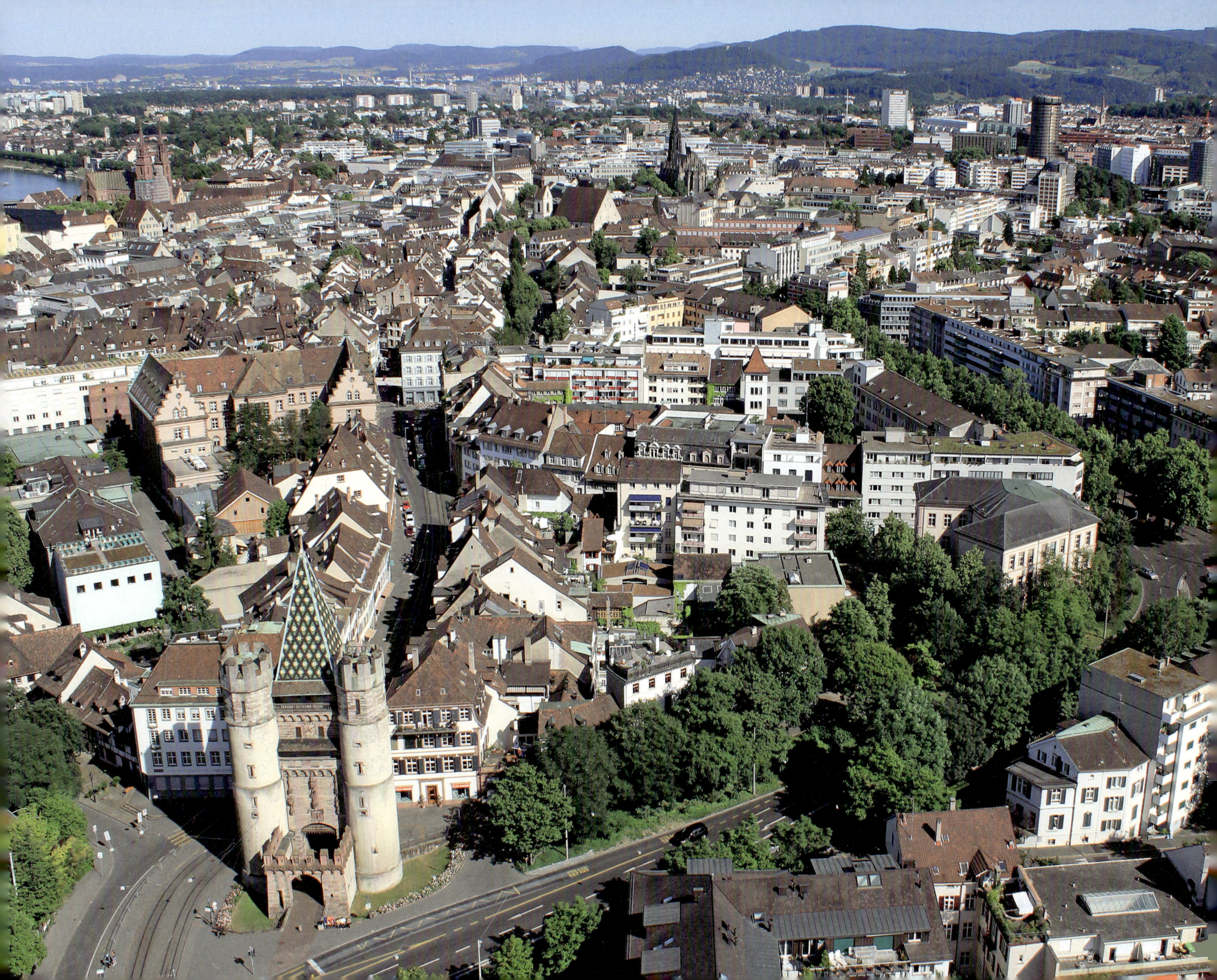

Antoniuskirche

Die zwischen 1925 und 1927 von Karl Moser gebaute Kirche war die erste reine Betonkirche der Schweiz. Die hohen farbigen Glasfenster stammen von Otto Staiger und Hans Stocker.

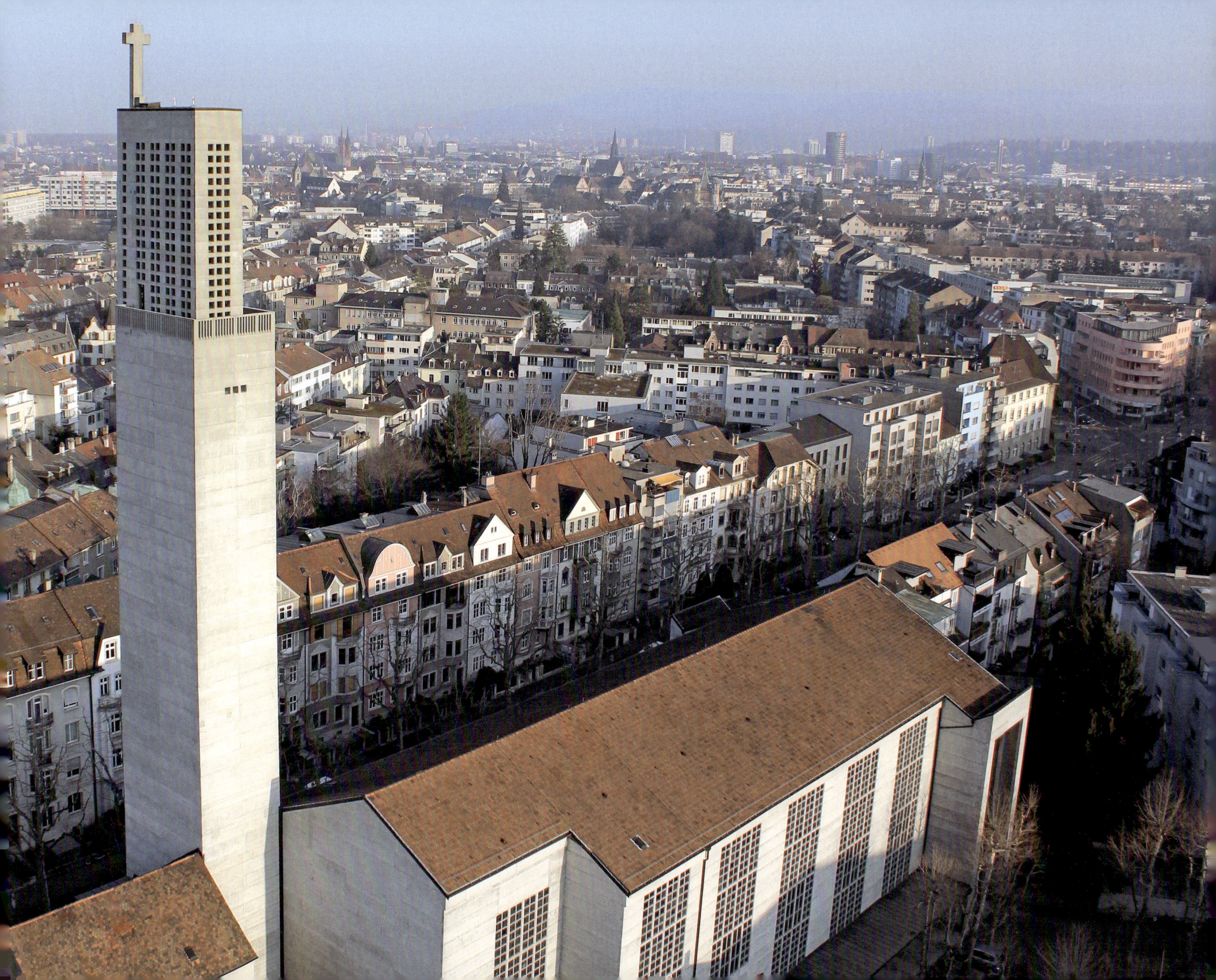

Bachletten
Neubad

Basler Zoo

Im Bachlettenquartier befindet sich der Basler Zoo, welcher der erste Zoo in der Schweiz war. Er sollte den Menschen in der Stadt die Möglichkeit bieten, Rehe, Steinböcke und Wildschweine ohne weite Reisen beobachten zu können. 1874 wurde er eröffnet und einige Jahre später kamen exotische Tiere wie Kamele, Lamas und Tapire dazu. Im sogenannten Kinderzolli können Begegnungen mit grösseren und kleineren Haustieren hautnah erlebt werden.

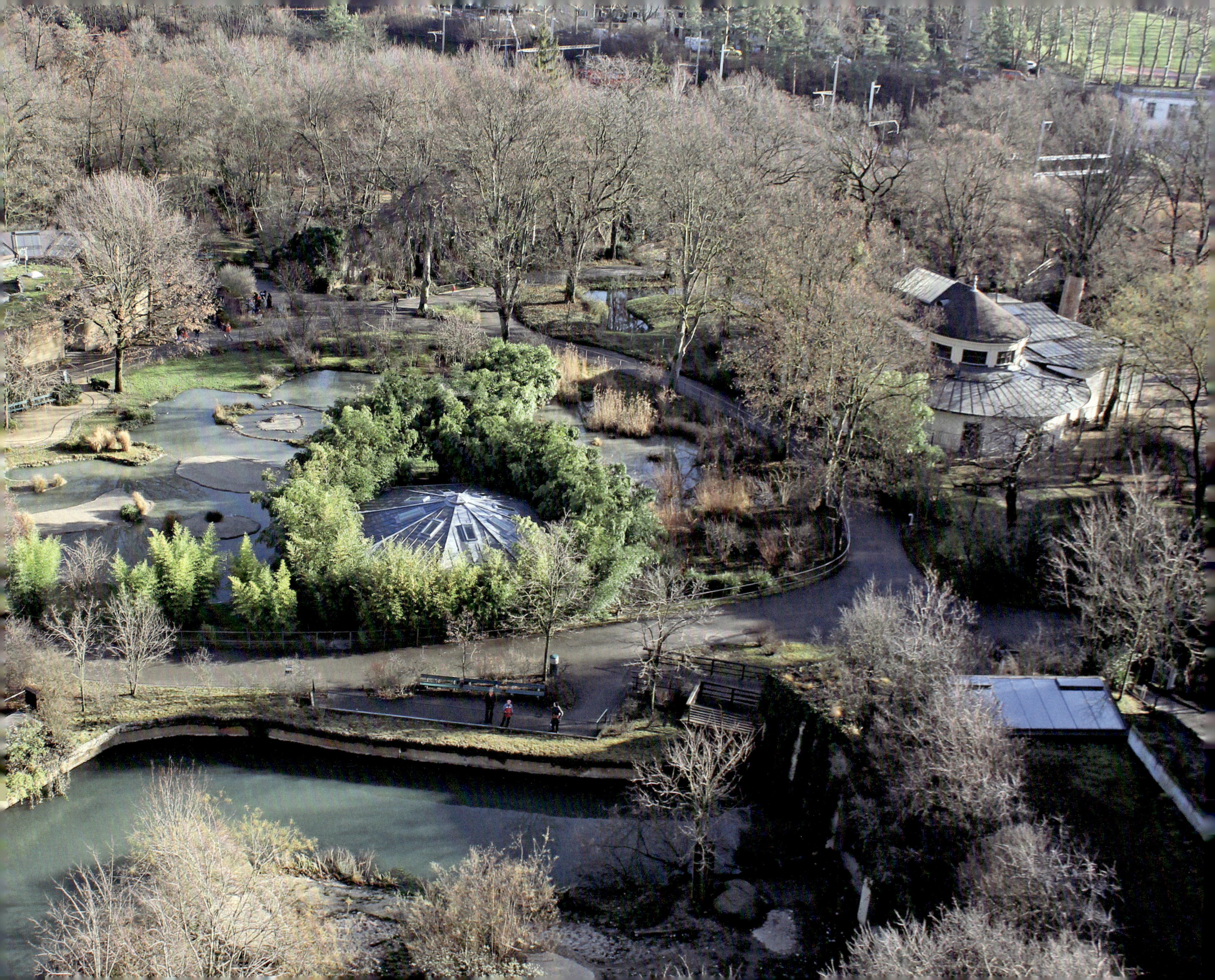

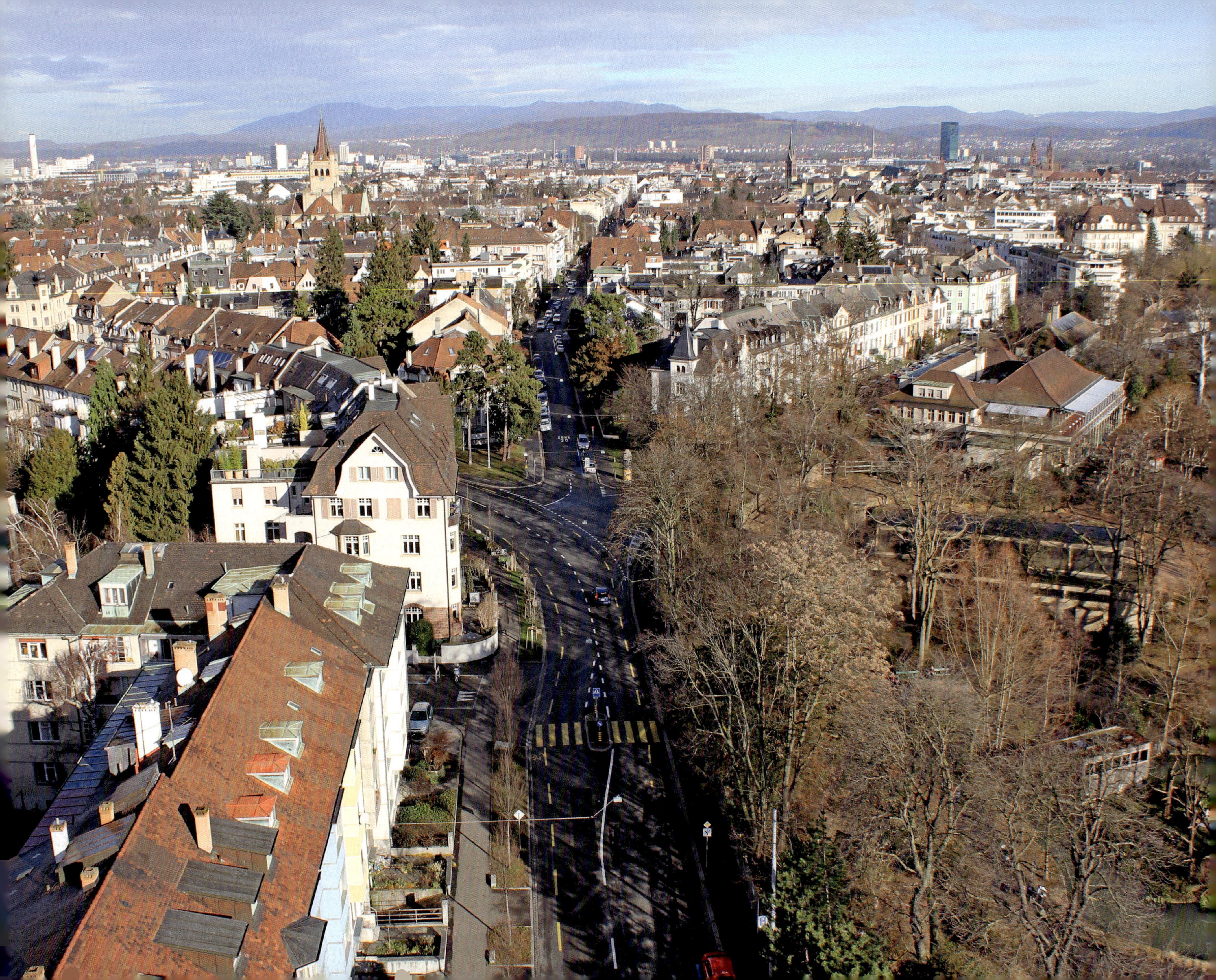

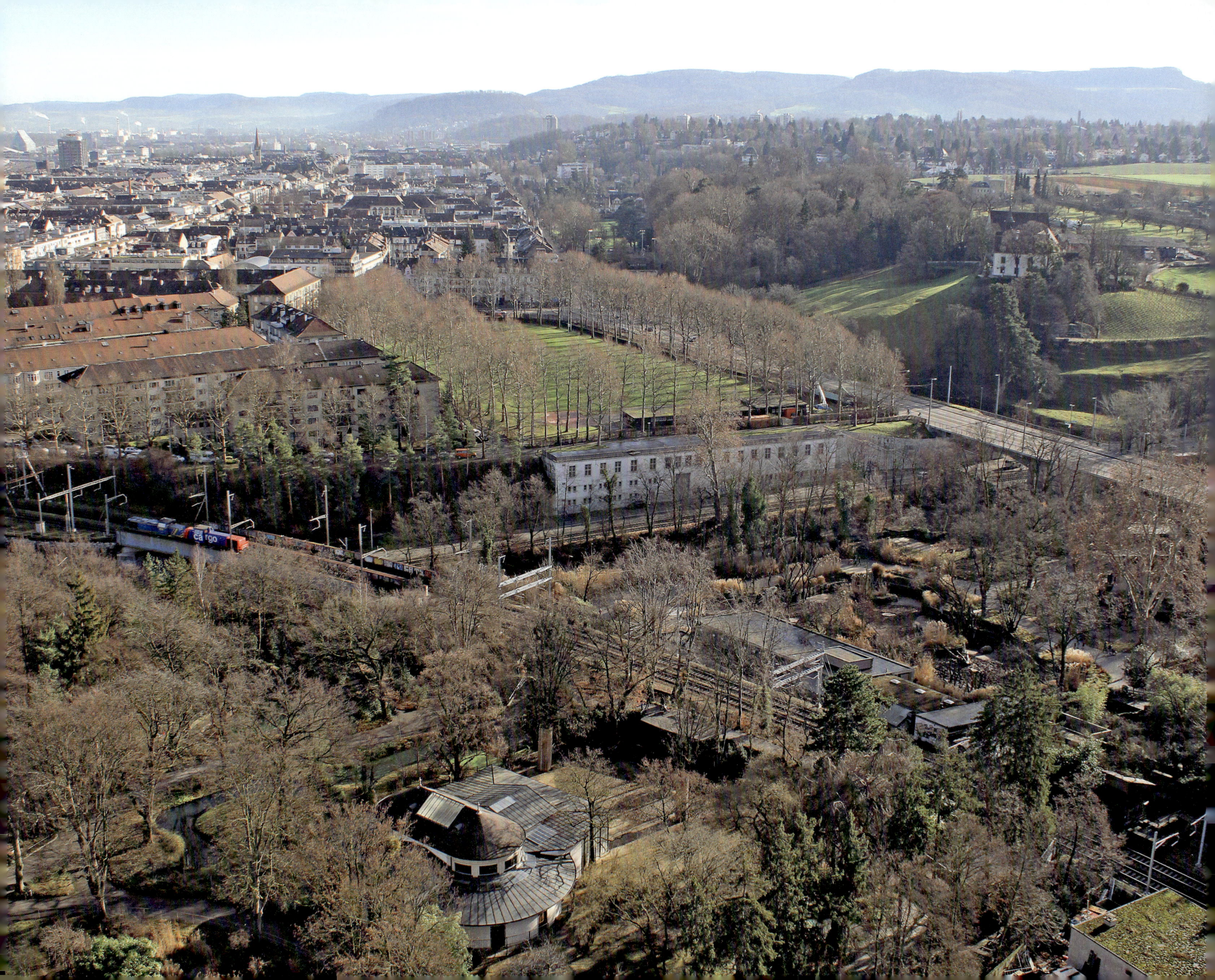

Pauluskirche

Der wuchtige Bau bei der Strassengabelung am Steinenring ist geprägt von grosszügigem Historismus, durchmischt mit Jugendstilelementen. Erbaut wurde die Pauluskirche 1898–1901 von Karl Moser.

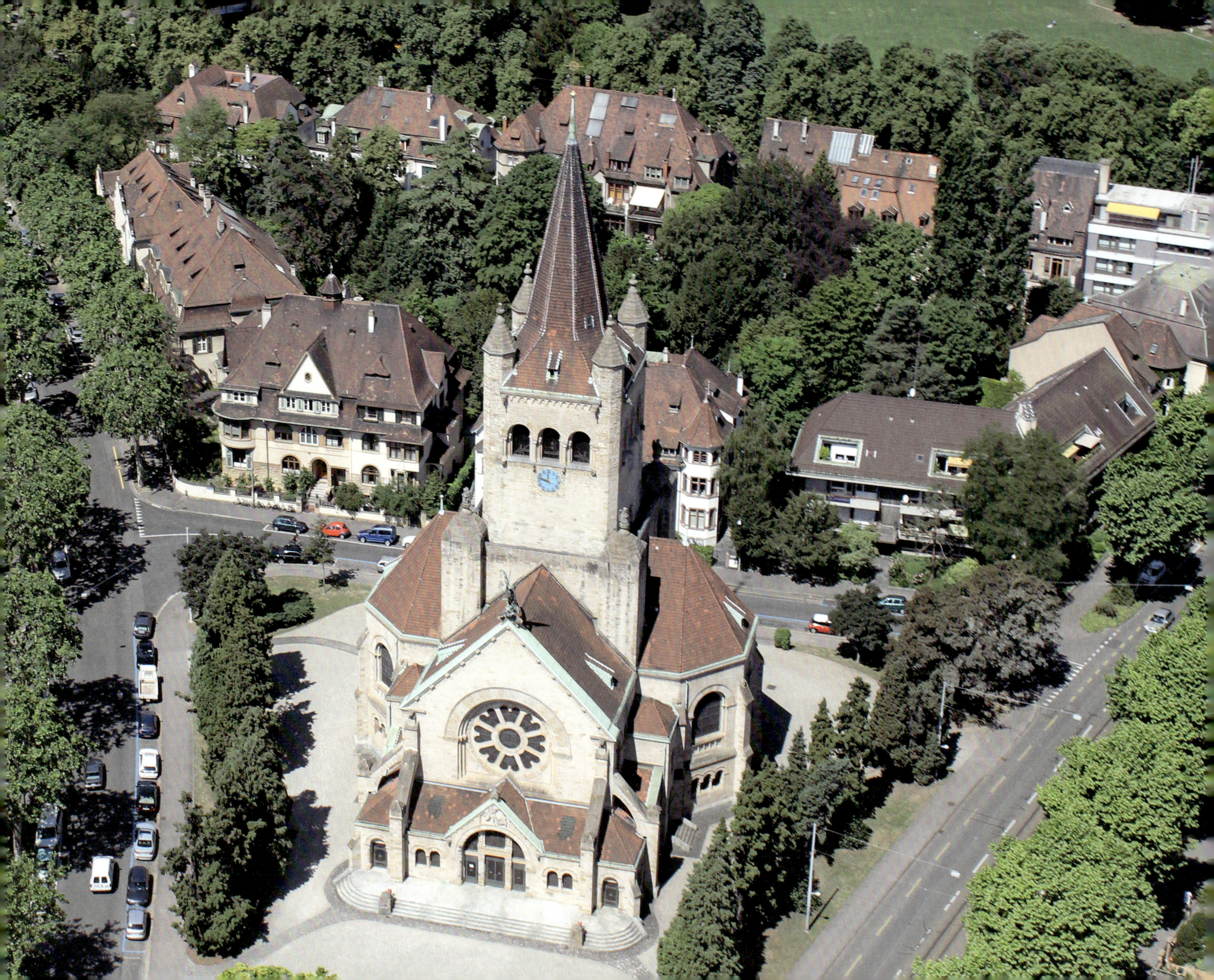

Paulusquartier

Blick auf das Paulusquartier mit der Pauluskirche. Es zeichnet sich durch seine grosszügige Planung mit mehreren Alleen und die gut erhaltenen Häuser aus der Zeit um 1900 aus. Im Hintergrund kann man die Synagoge, den Messeturm und das Münster erkennen.

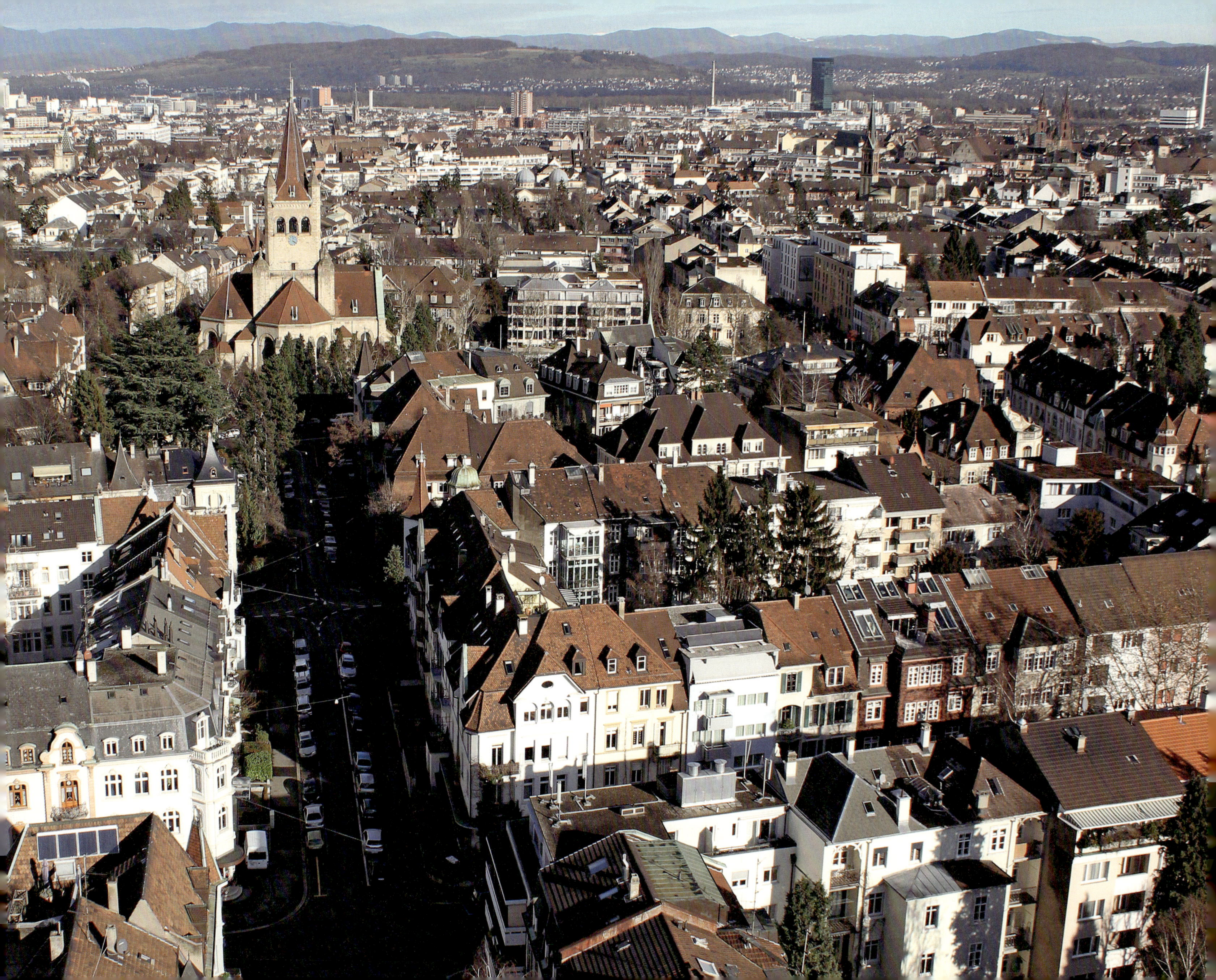

Viaduktstrasse

Vom Zolli aus sieht man den grössten Teil der Grossbasler Innenstadt mit dem Kulturzentrum «die Kuppel», der Steinenvorstadt und der Elisabethenkirche. Im Vordergrund des übernächsten Bildes entsteht die neue Aussenanlage für die Menschenaffen im Zolli. Im Hintergrund sowie auf dem nächsten Bild blickt man auf Teile der Quartiere Bachletten, Kannenfeld und St. Johann mit dem Novartis-Campus.

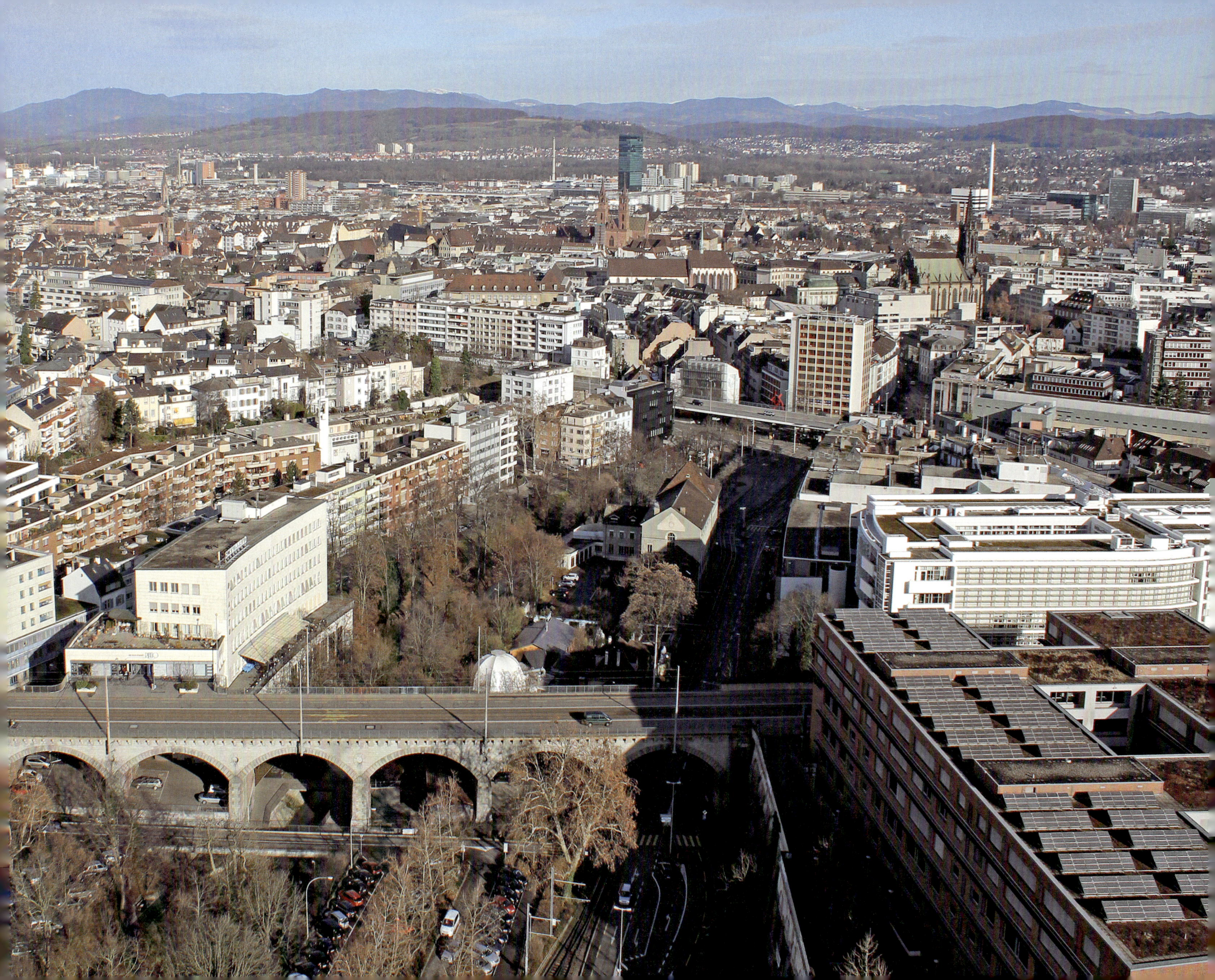

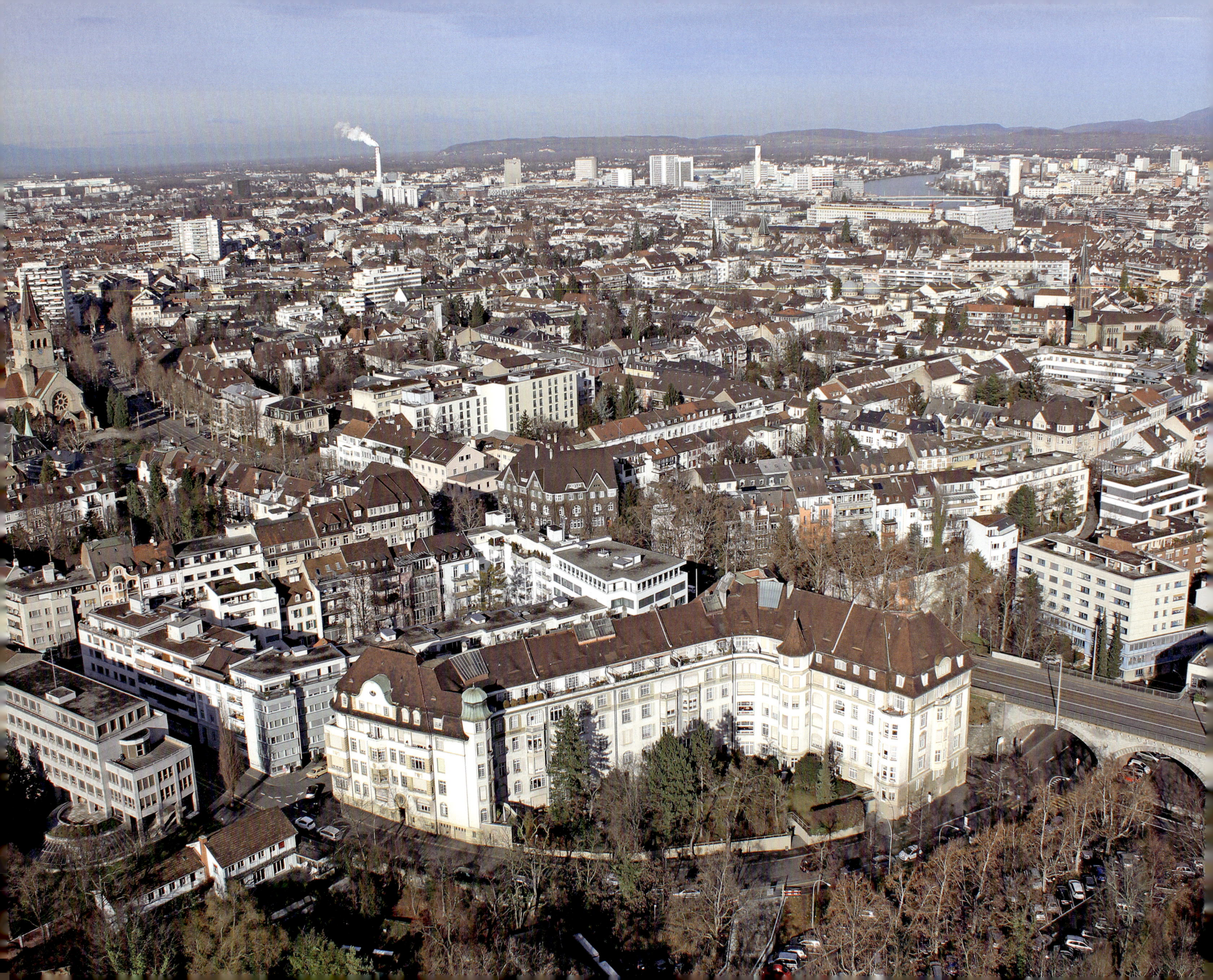

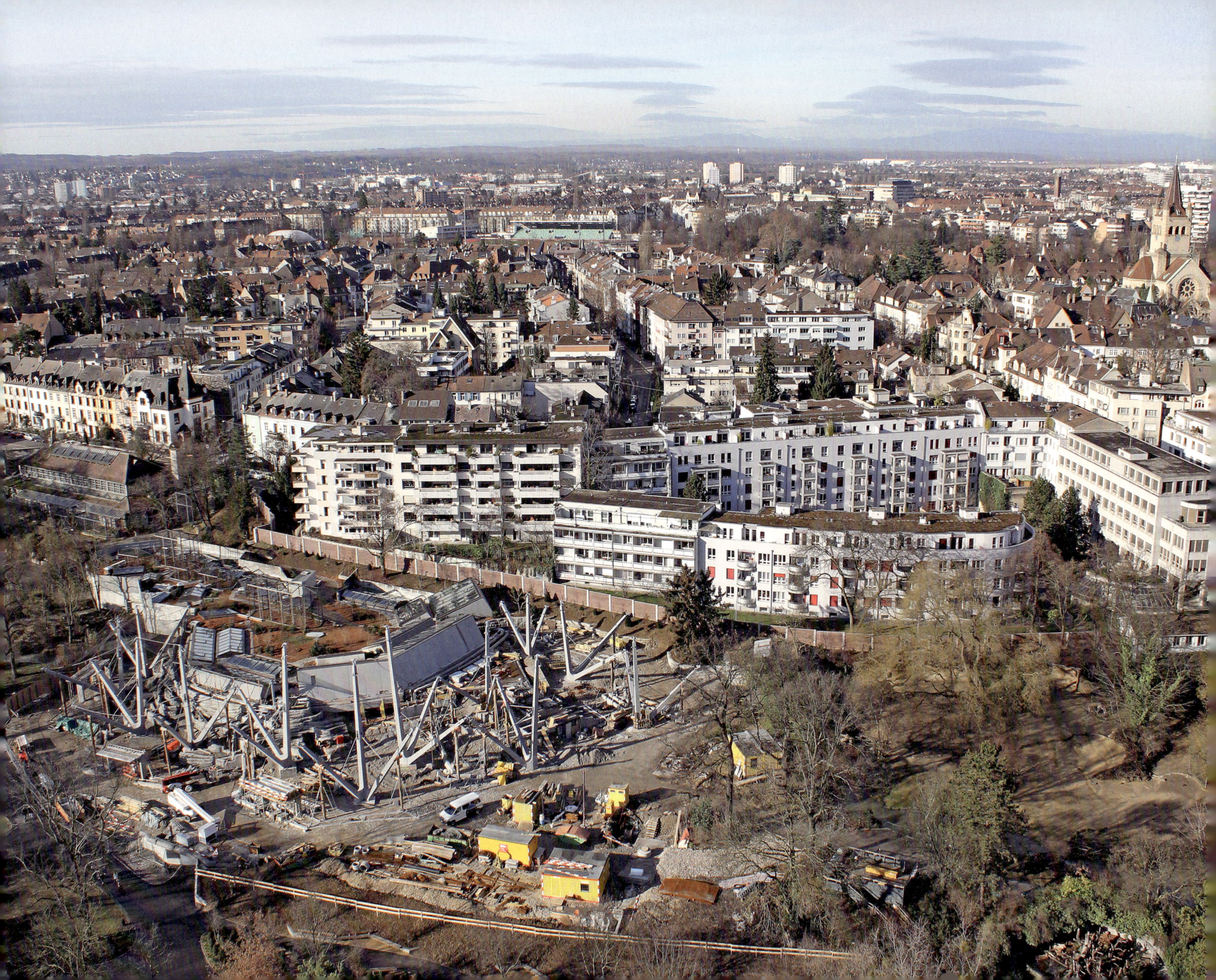

Heuwaage-Viadukt

Der Heuwaage-Viadukt, der an der Markthalle vorbeiführt, überquert den an diesem Punkt unterirdischen Birsig und ehemalige Anlagen und Gräben des Steinentors und der Steinenschanze. Er wurde zwischen 1966 und 1970 als Teil des City-Rings gebaut, welcher das Stadtzentrum vom Durchgangsverkehr entlasten sollte.

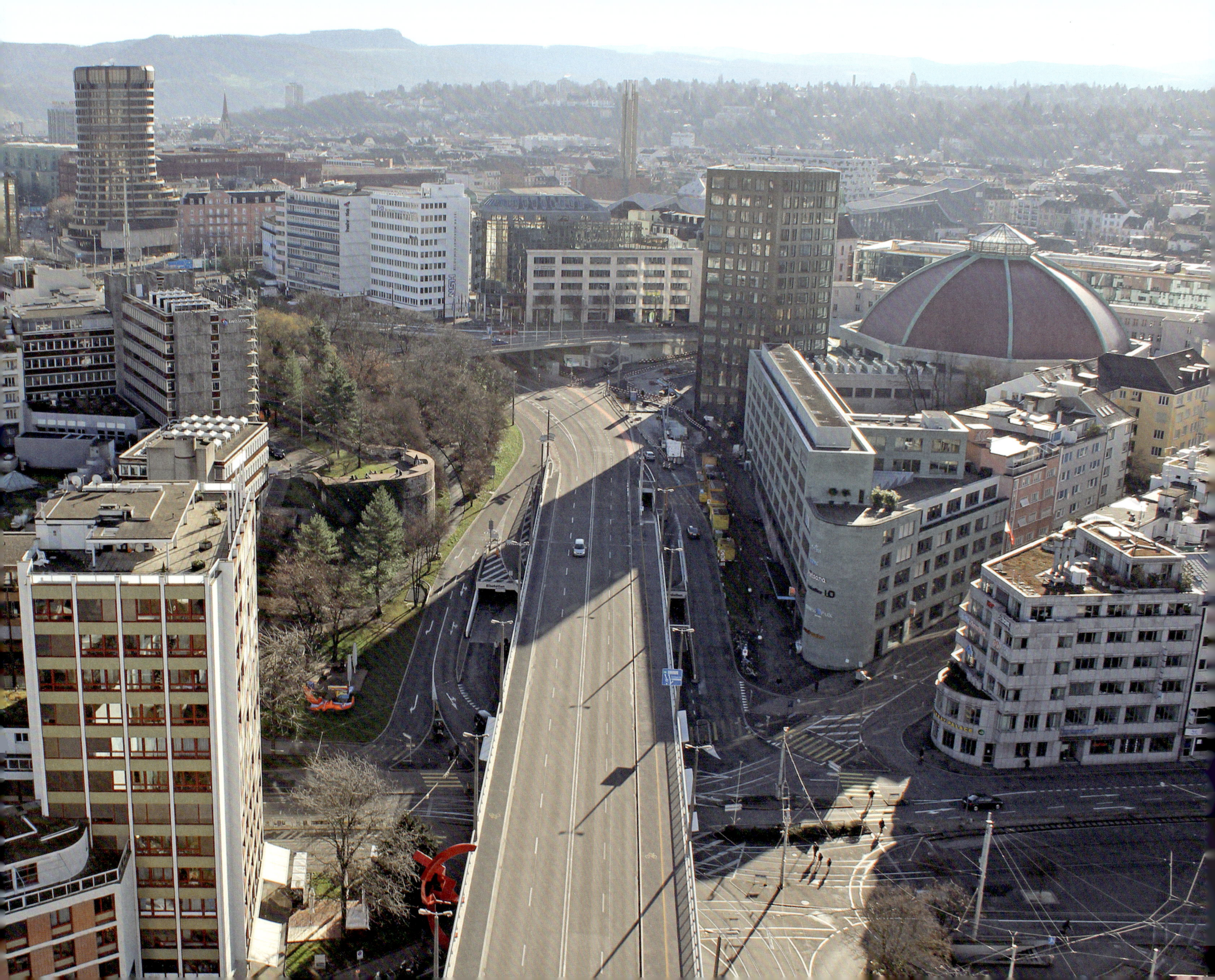

Bruderholz
Gundeldingen

Bruderholzallee

Die Bruderholzallee mit den Tramschienen von oben. Das heutige Wohnquartier Bruderholz auf der Anhöhe im Süden der Stadt war früher bewaldet und von Einsiedlern bewohnt, die Brüder oder Klausner hiessen.

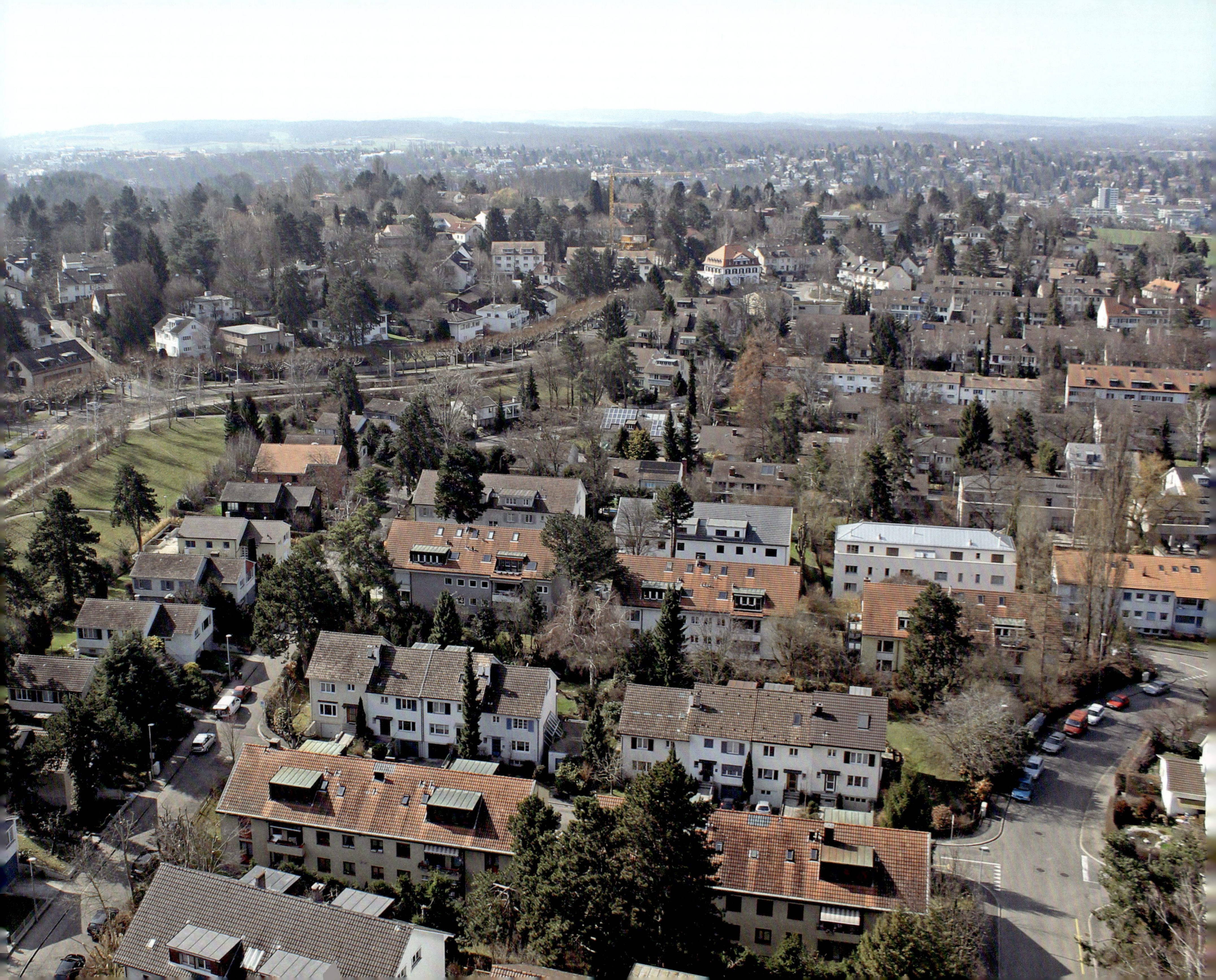

Gundeli

Der Blick auf das Gundeldingerquartier, das nach 1874 entstand, mit der Bahnhofanlage und der BIZ im Hintergrund. Auf dem übernächsten Bild sieht man zudem die Ausläufer des Bruderholzes.

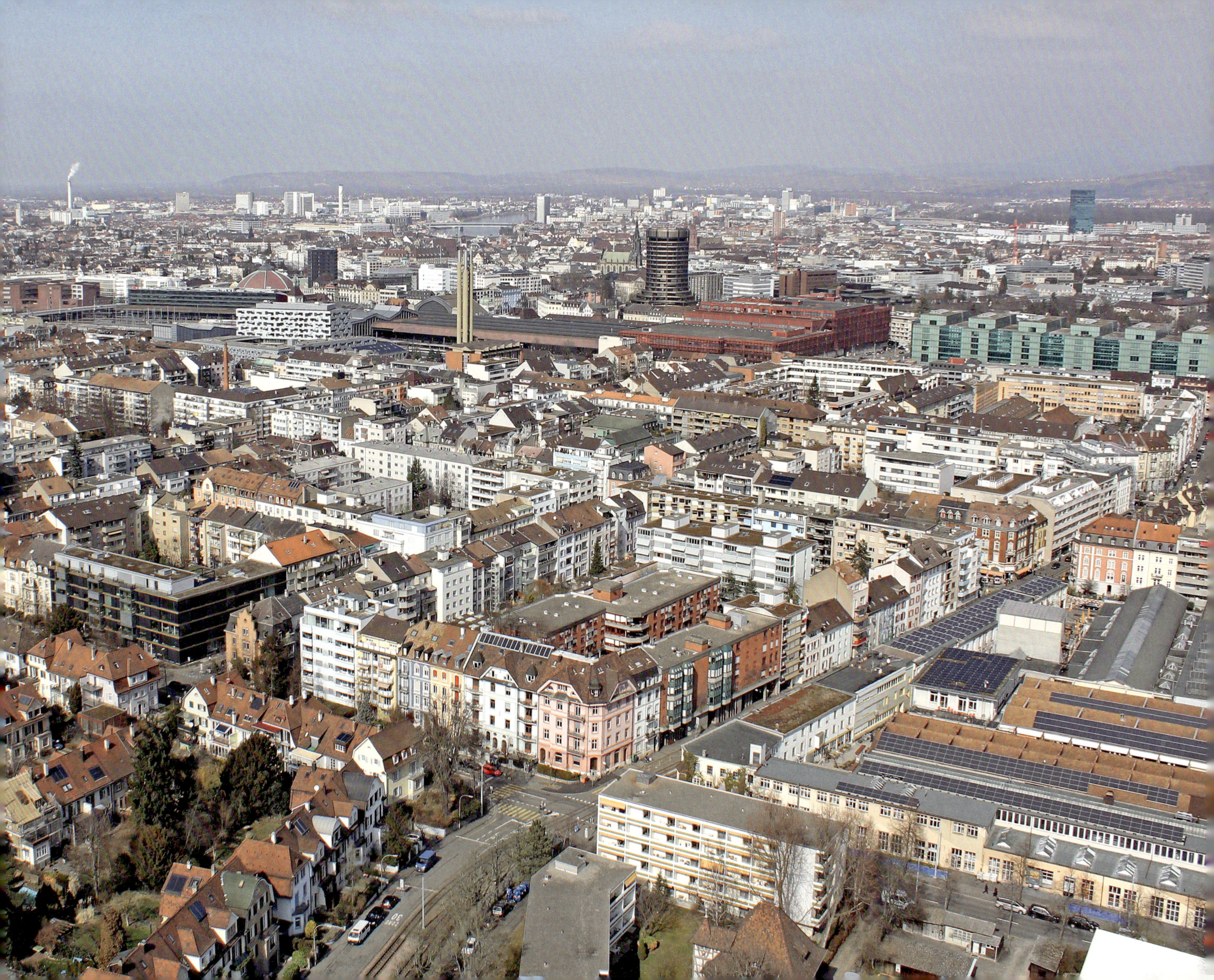

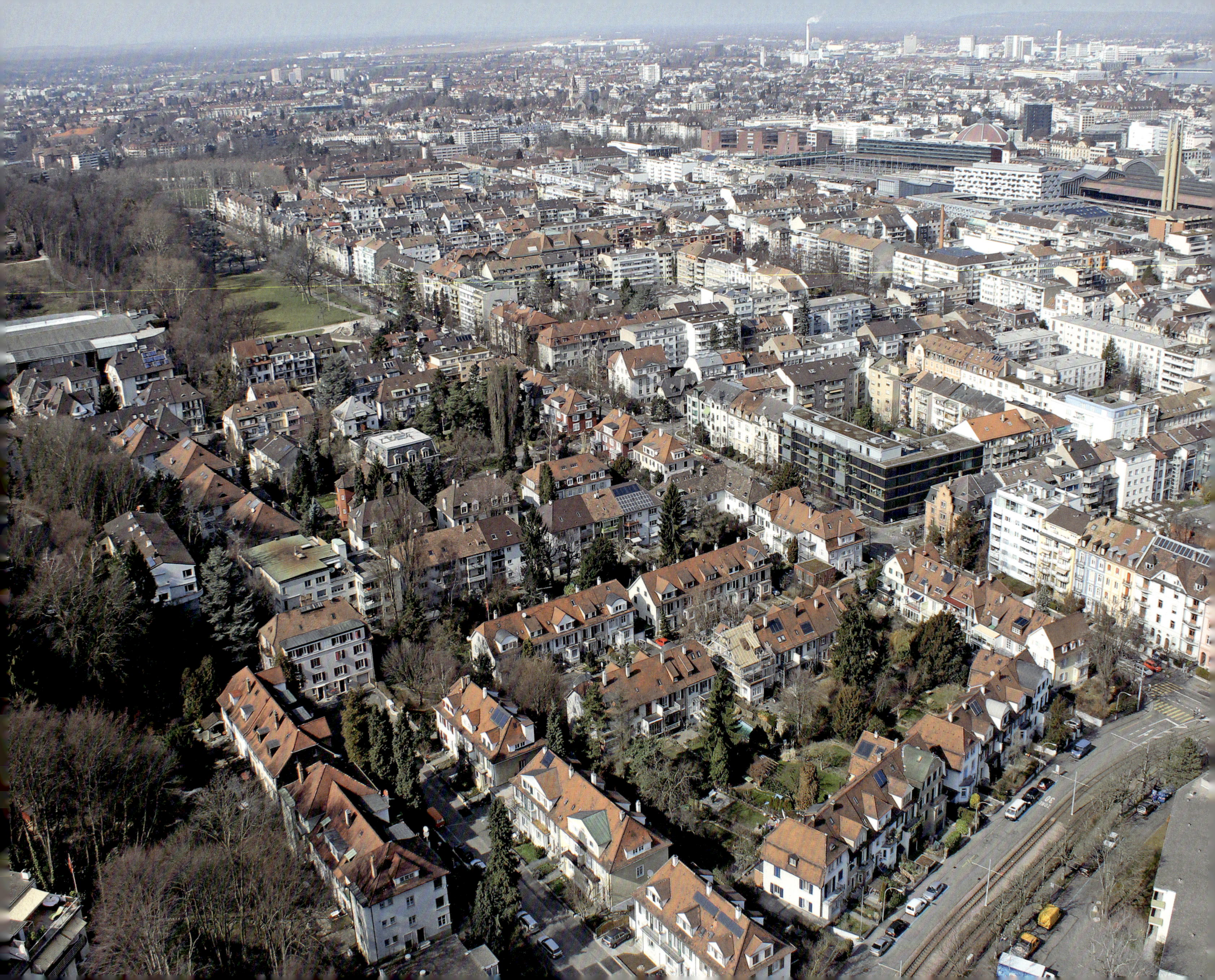

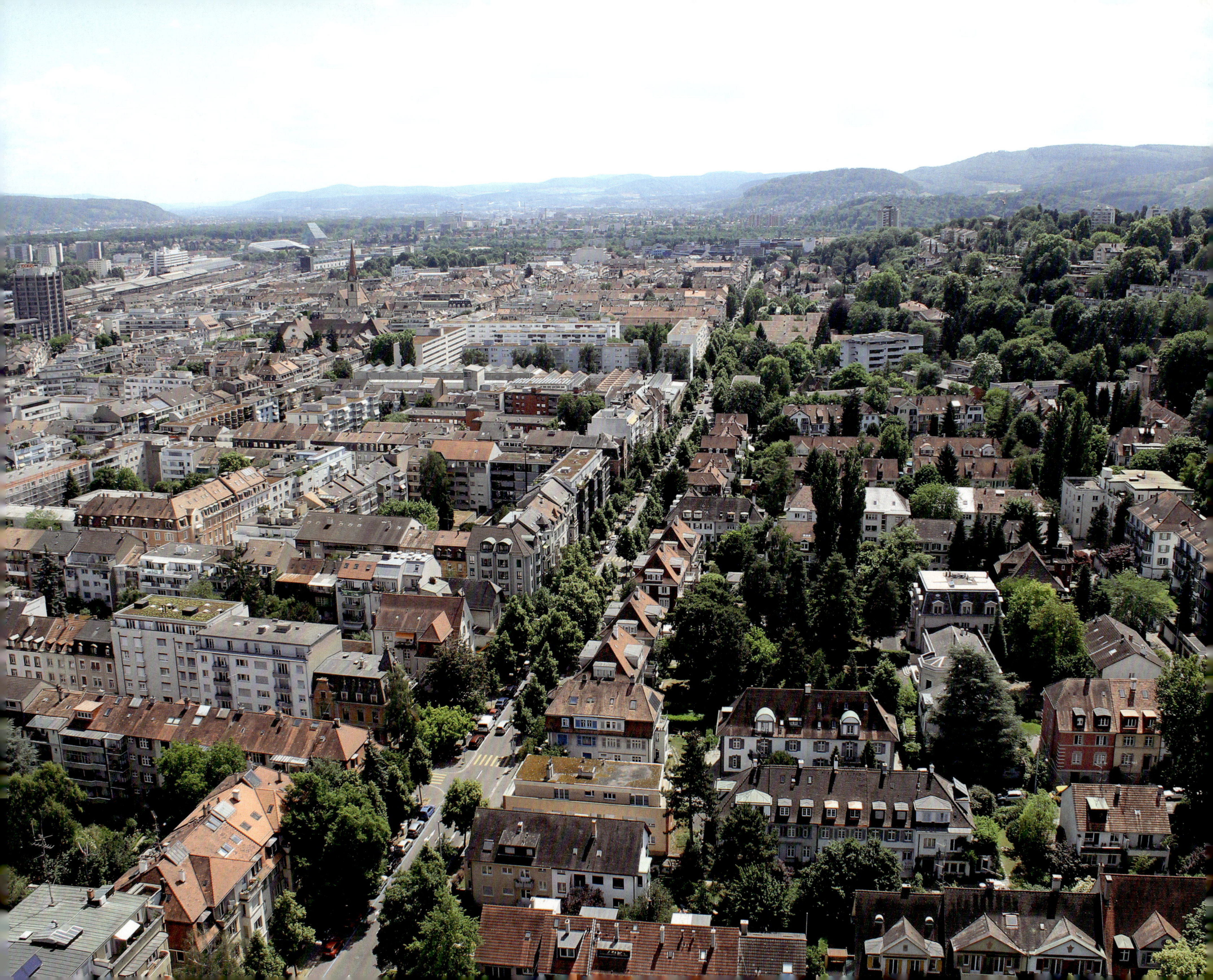

Unterer Batterieweg

Der Untere Batterieweg führt von der Gundeldingerstrasse an der Kunsteisbahn vorbei und schlängelt sich hoch aufs Bruderholz. Der höchste Punkt des Bruderholzes erhielt den Namen «Batterie», nachdem dort im Jahr 1815 bei der Belagerung der Festung Hüningen Batterien, das heisst Artilleriestellungen, angelegt worden waren.

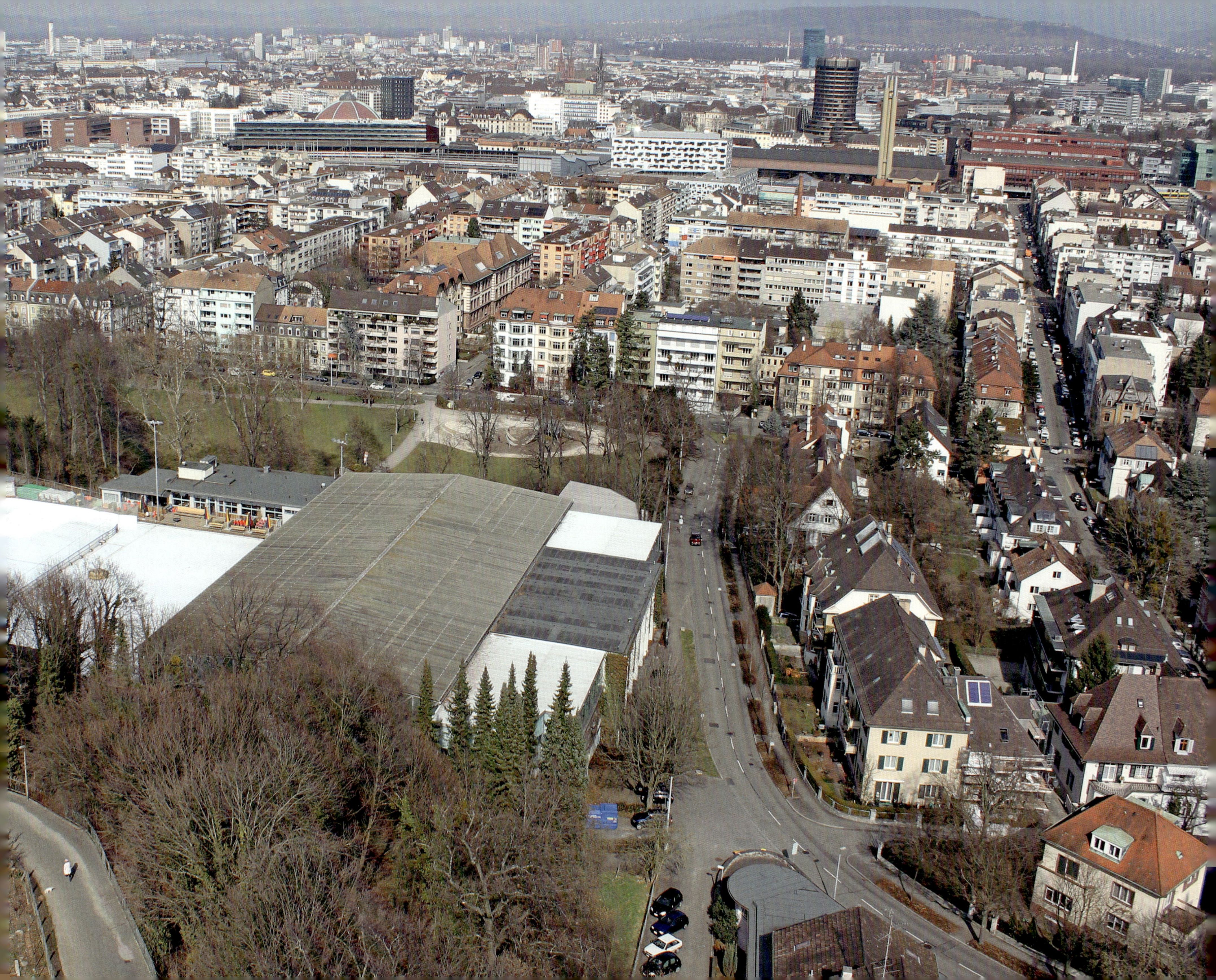

Wasserturm

Der Wasserturm auf dem Bruderholz wurde 1926 aufgrund der zunehmenden Besiedlung des Bruderholzquartiers aus Kalksteinen errichtet und dient der Wasserversorgung. Er ist 36 Meter hoch und hat eine öffentlich zugängliche Aussichtsplattform auf einer Höhe von 394 m ü. M.

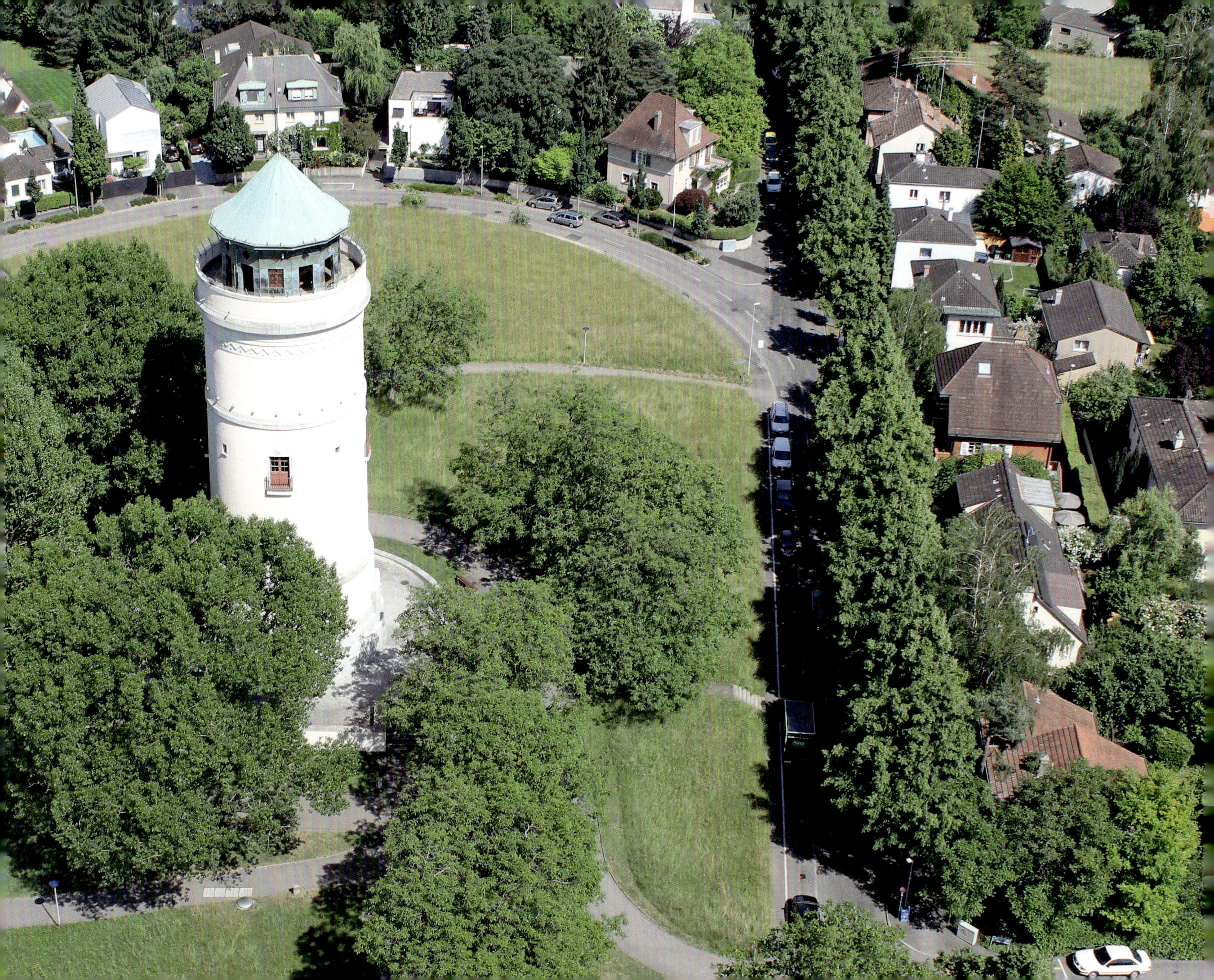

Margarethenpark

Der Margarethenpark liegt am Rand des Gundeldingerquartiers und dient den Baslern als Naherholungsgebiet. Ursprünglich war das Gebiet im Privatbesitz von Karl Burckhardt, der 1822 das ausserhalb der Stadt gelegene St. Margarethengut mit Kirche, Matte und Ackerland erwarb. Er gestaltete eine Gartenanlage mit integrierter Landwirtschaft, was der Tradition der «Ornamented Farm» entspricht: die Verbindung des Vergnügens eines Landsitzes mit der Nützlichkeit der Landwirtschaft. 1897 erwarb die Einwohnergemeinde Basel-Stadt das Gut und wandelte es in einen öffentlichen Park um. Die Gestaltung steht in der Tradition der englischen Parkanlagen. 1907 wurde im Park Basels erster Tennisplatz gebaut und in den 30er-Jahren (1933/34) folgte dann der Bau der Kunsteisbahn.

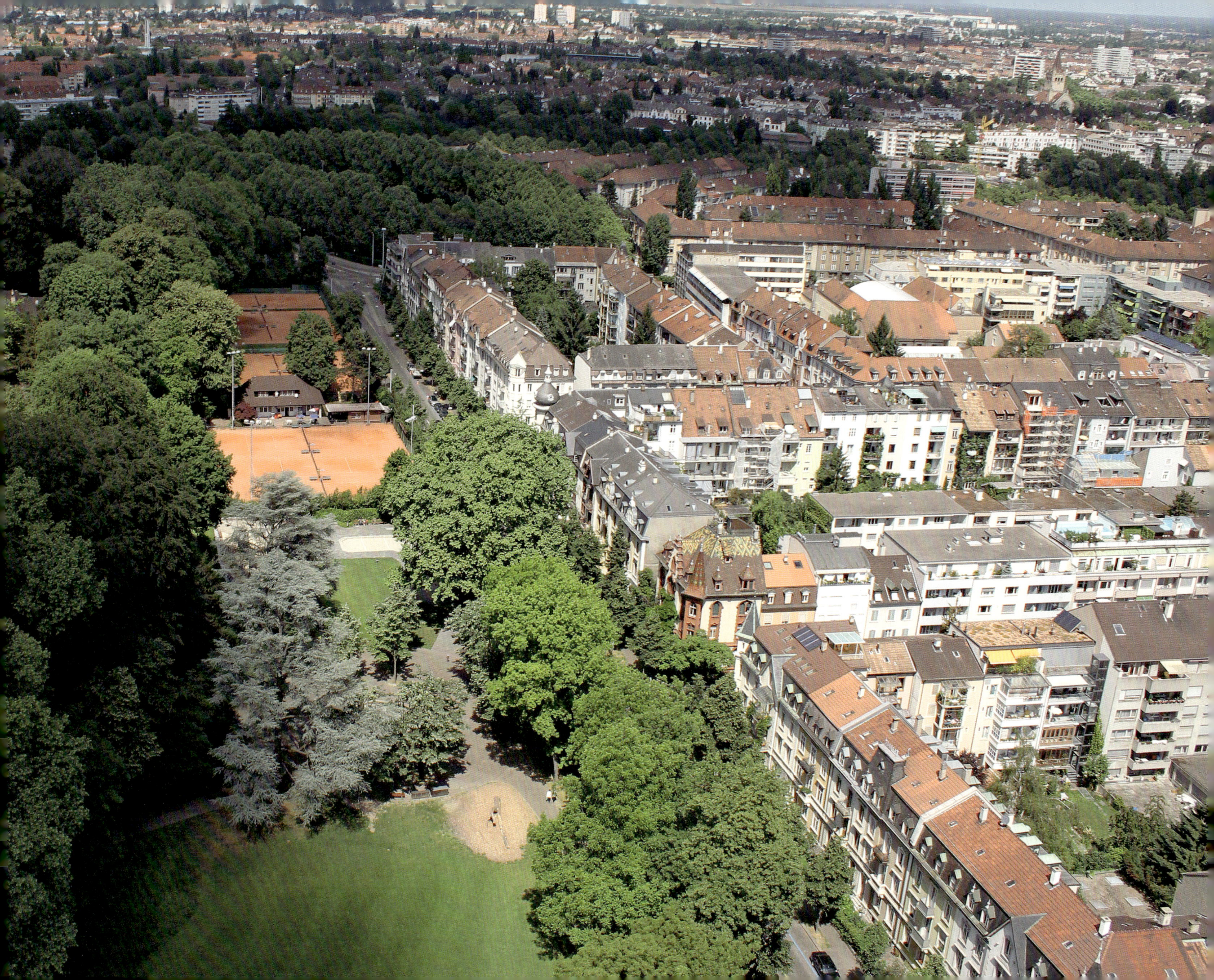

St. Alban
Gellert
Breite
Lehenmatt

St. Jakob-Park

An der Brüglingerstrasse im St. Jakobs-Quartier liegt das legendäre von den Basler Architekten Herzog & de Meuron gebaute St. Jakob-Stadion, wo der FC Basel 1893 zu Hause ist. Das Stadion wurde im Jahr 2001 eingeweiht, umfasst 38 512 Sitzplätze und ist das grösste Fussballstadion der Schweiz.

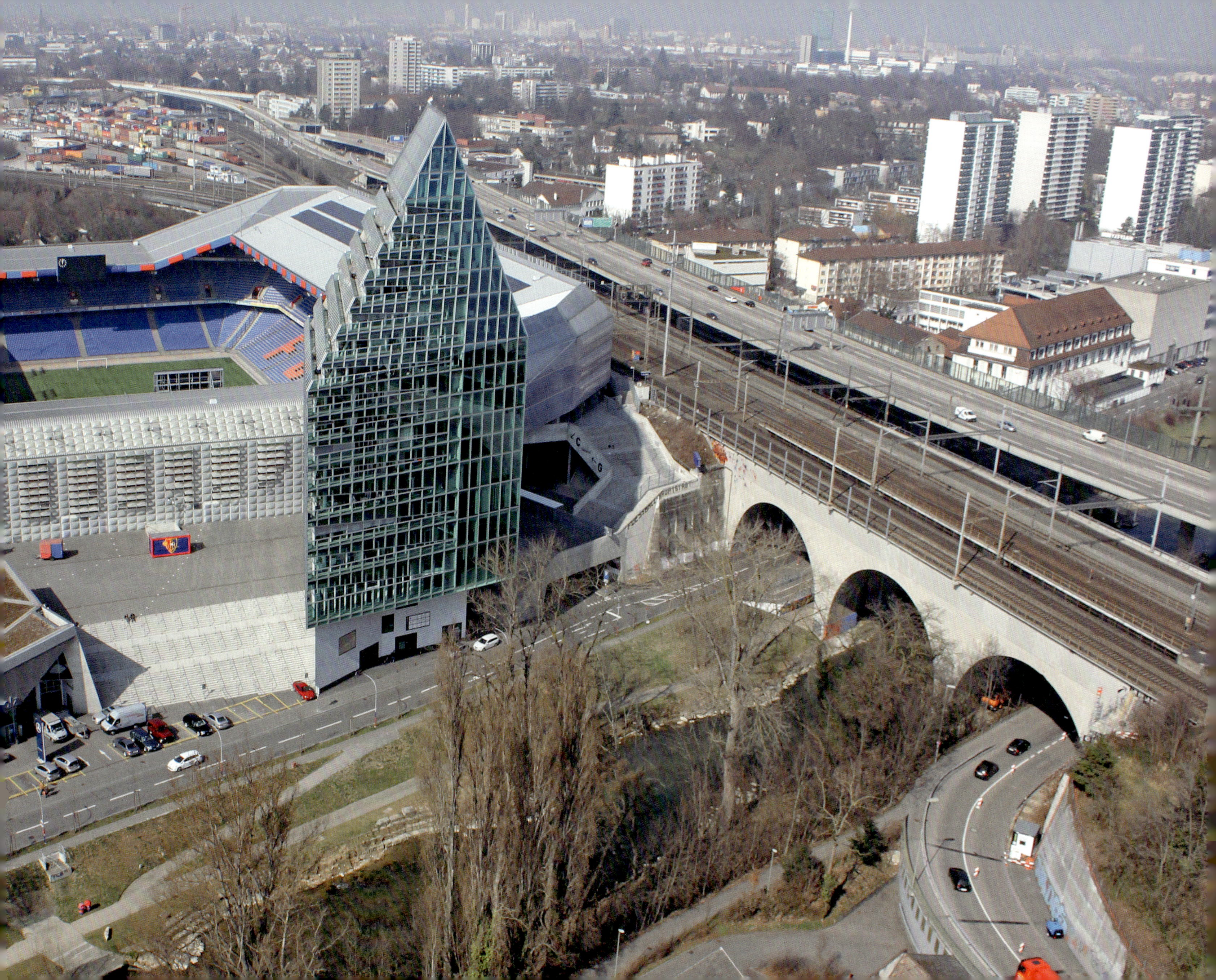

Breite und Gellert

Blick auf die beiden Grossbasler Quartiere Breite (S. 108 und 109) und Gellert (S. 110). Das Breitequartier liegt an der Mündung der Birs, dem Birschöpfli, und grenzt an das benachbarte Birsfelden. Es ist nach dem Flurnamen eines ehemaligen freien, ebenen Feldes zwischen dem St. Alban-Quartier und der Birsmündung benannt. Der Name Gellert wird bereits im 14. Jahrhundert erwähnt. Damals hiess es «Göllert» und meinte «gelichtete Hard». Wahrscheinlich war dies die Bezeichnung für ein teilweise gelichtetes Waldgebiet. Ursprünglich war dort das Galgengebiet, wo die Verurteilten hingerichtet wurden. Durch die Gellertstrasse führte der letzte Gang der Hingerichteten zum Galgen. Deswegen wollte lange niemand dort wohnen. 1819 wurde aber in Basel die letzte Hinrichtung durchgeführt und der Galgen 1823 abgerissen. In der Mitte des 19. Jahrhunderts interessierten sich für das Gebiet wohlbetuchte Leute, die nicht mehr in der unhygienischen und engen Stadt wohnen wollten. Deswegen stehen gerade an der Gellertstrasse viele Villen.

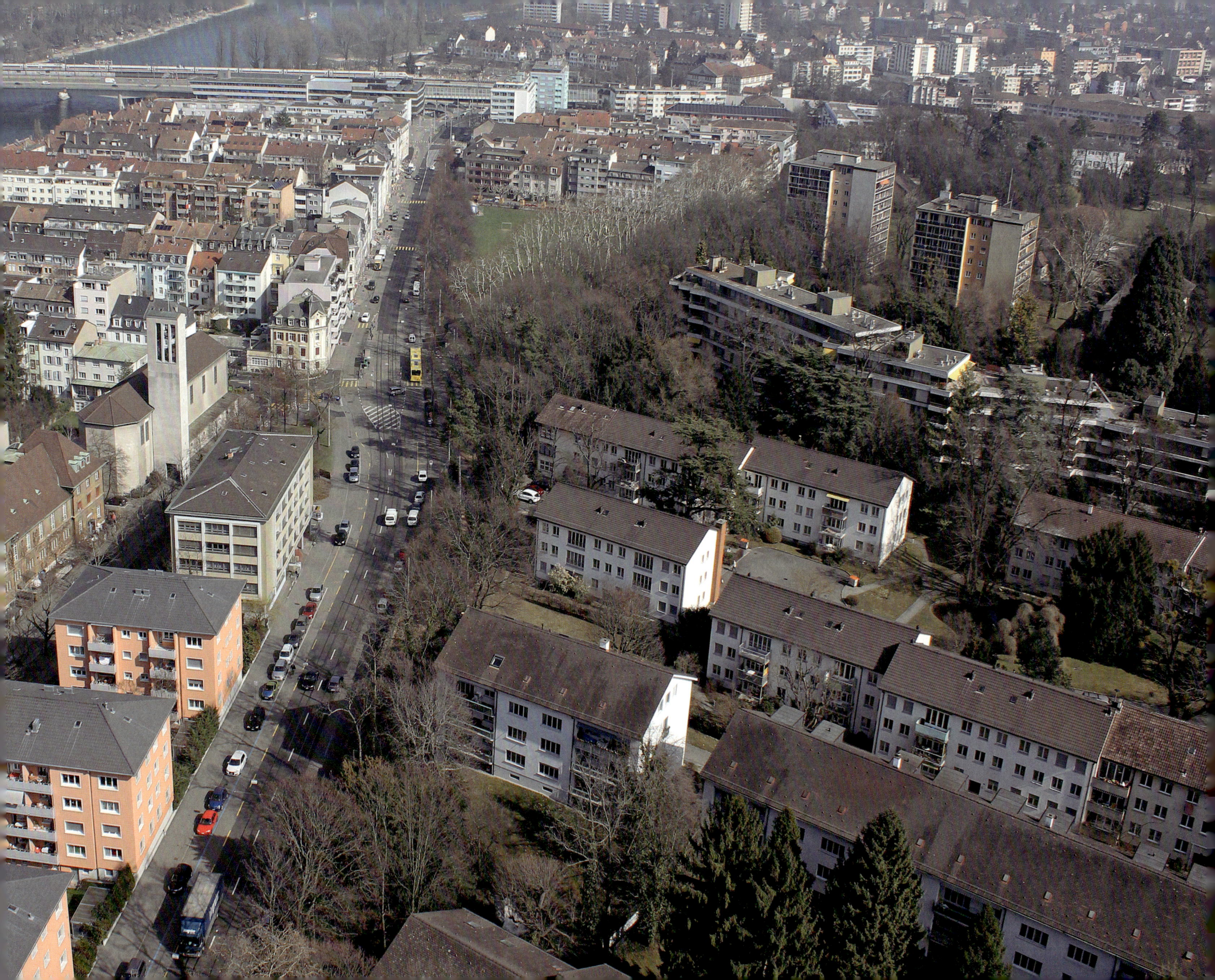

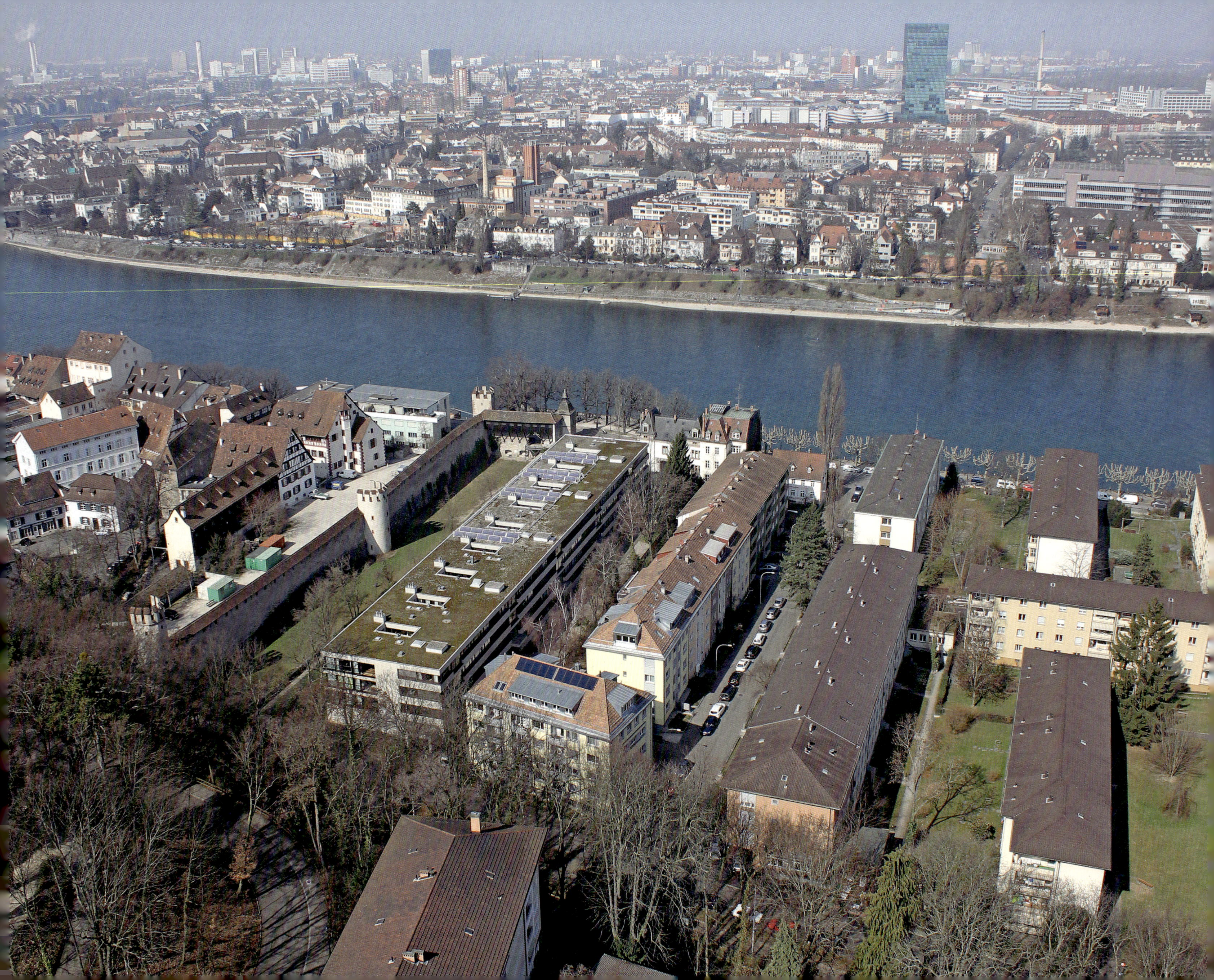

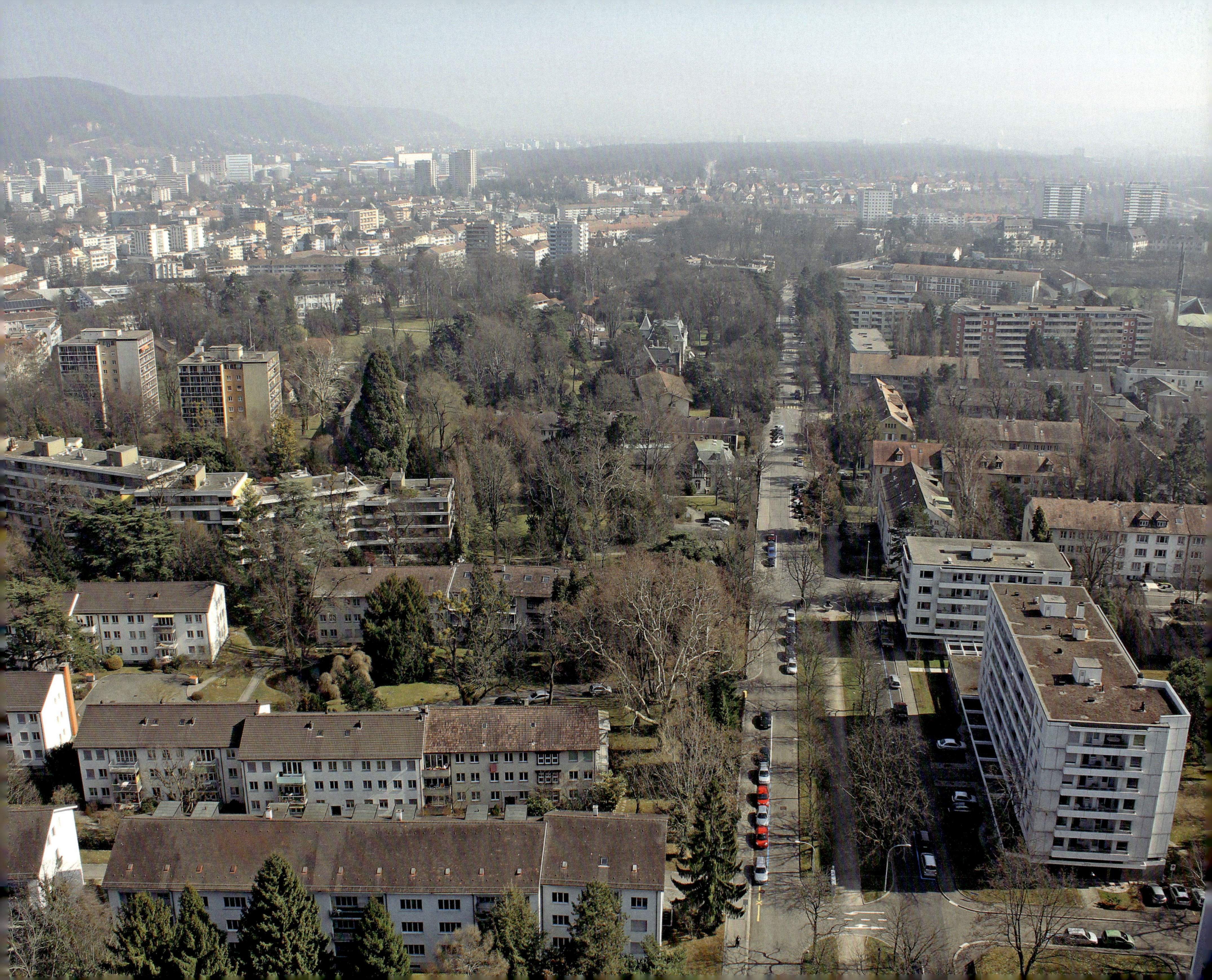

Grosspeterstrasse

Die Grosspeterstrasse verbindet die Stadt mit der Autobahn. Eindrücklich ragt das Hochhaus der Lonza in die Höhe. Im Hintergrund ist die Bank für Internationalen Zahlungsausgleich (BIZ) sichtbar, die 1930 gegründet wurde.

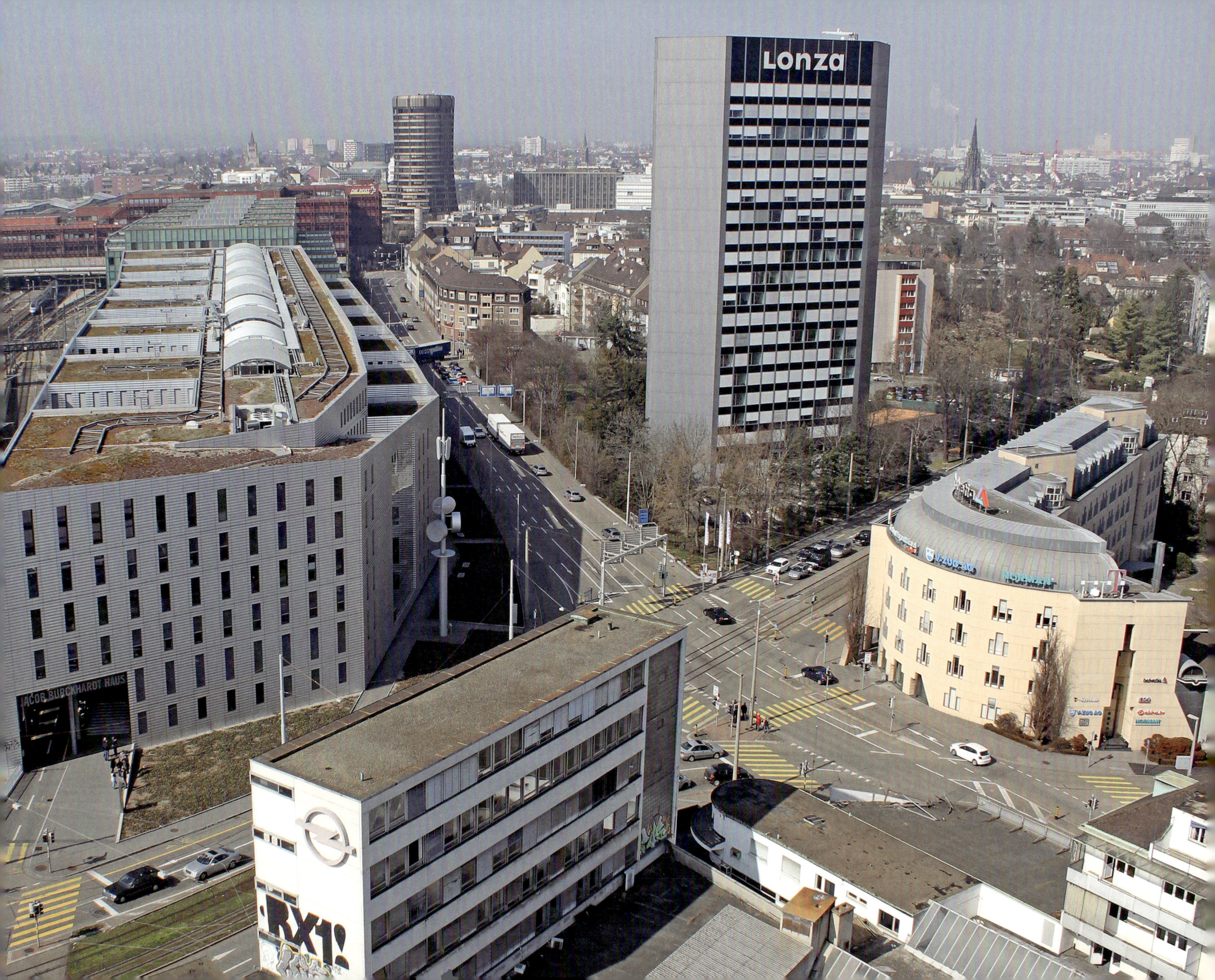
Lonza
JACOB BURCKHARDT HAUS
V-ZUG AG
RX1

Malzgasse

Die Malzgasse führt vom Aeschenplatz in Richtung Rhein hinunter in die St. Alban-Vorstadt. Sie war im späten Mittelalter ein Feldweg ausserhalb der von einer Festung geschützten Siedlung St. Alban-Vorstadt. Das Kloster St. Alban hatte ein eigenes Leprosorium, ein Siechenhaus. Dorthin wurden die Aussätzigen der Stadt verbannt. Ein Siech, wie die Insassen genannt wurden, war einer, der vom Aussatz befallen war. Für das Wort «Aussatz» verwendete man oft auch den Begriff «Malenzei» (Lepra). Daraus lässt sich vermutlich der Name Malzgasse ableiten.

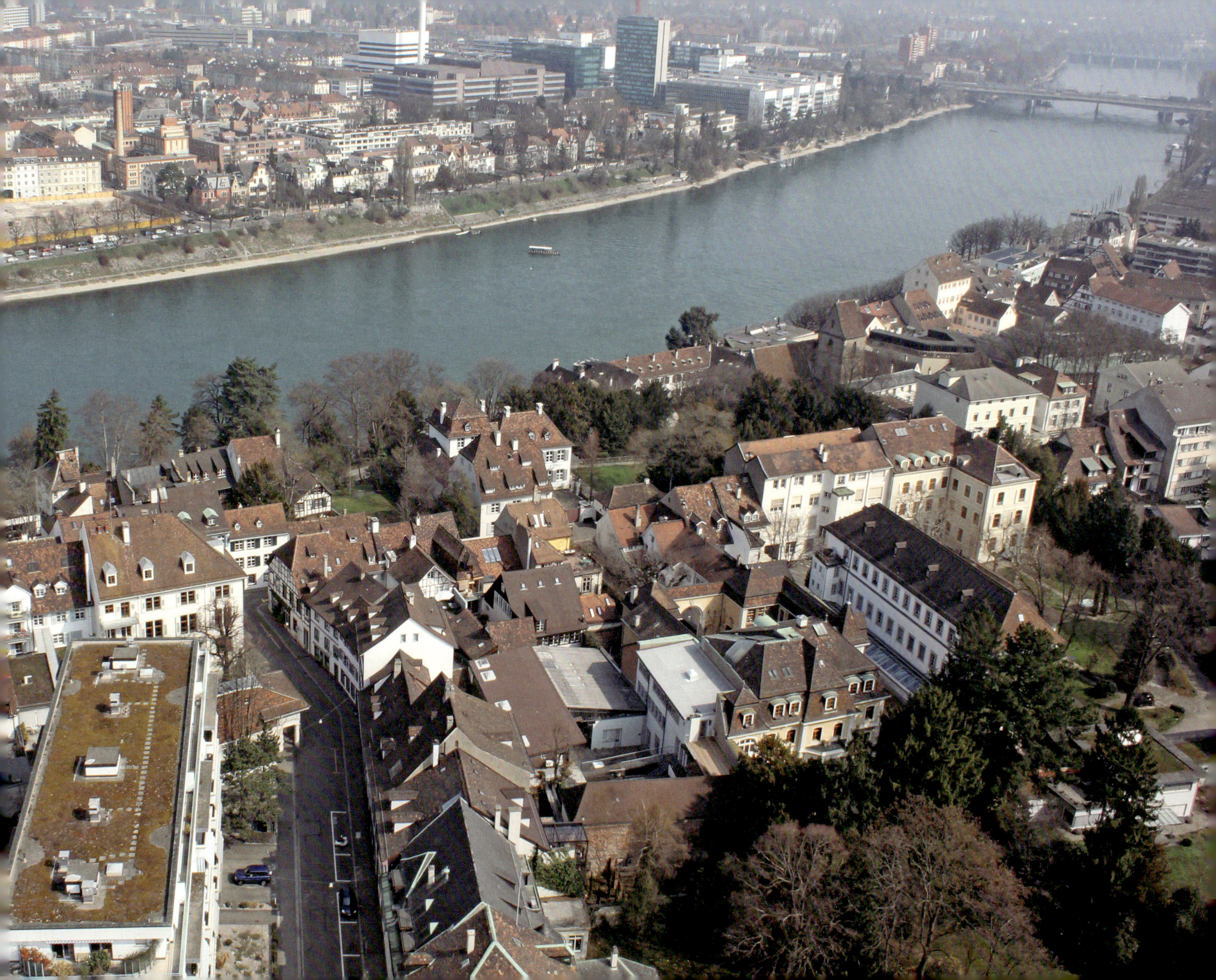

Nauenstrasse

Die breite und befahrene Nauenstrasse verläuft parallel zu den Bahngeleisen und führt am rostroten Postgebäude entlang. Im Hintergrund sieht man das BIZ-Gebäude und die Bahnhofpasserelle.

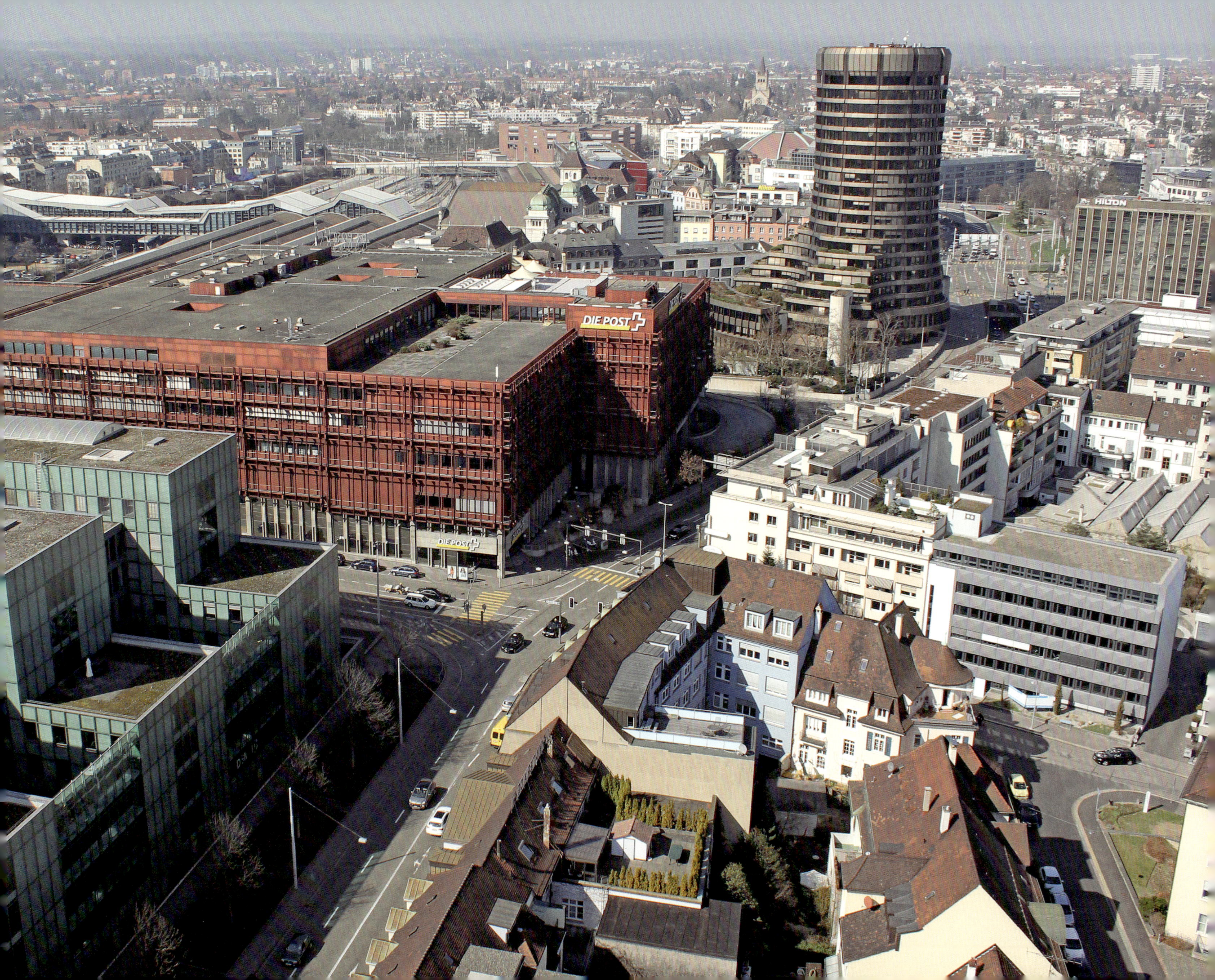
DIE POST
DIE POST
HILTON

St. Alban-Rheinweg

Die Rheinpromenade auf der Grossbasler Seite wurde im 19. Jahrhundert verlängert und ausgebaut. Im Hintergrund sieht man die Schwarzwaldbrücke, das Kraftwerk Birsfelden und den 492 Meter hohen Fernsehturm St. Chrischona.

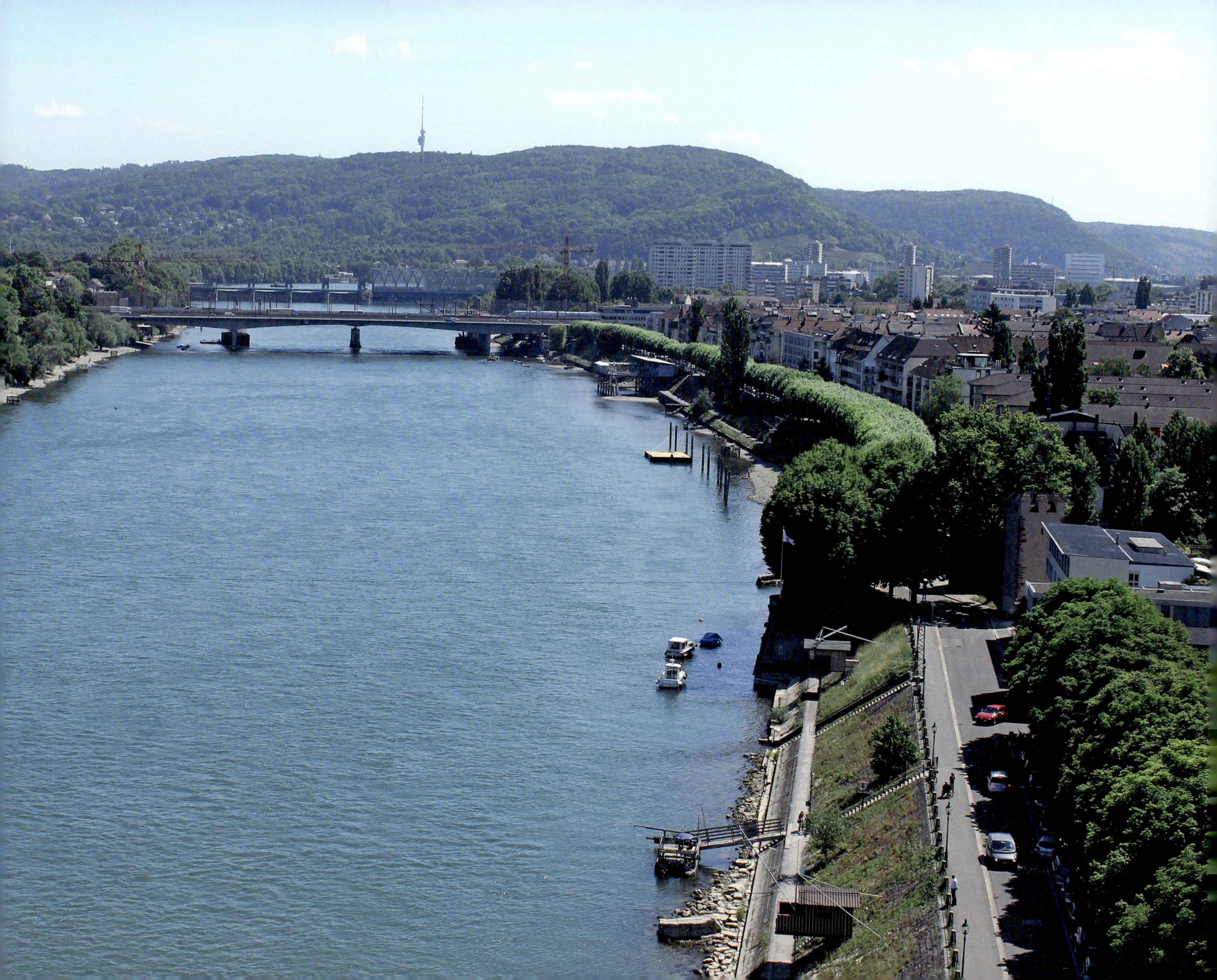

St. Alban-Anlage

Das historische St. Alban-Quartier zeugt mit dem letzten Teil der Basler Stadtmauer, den Stadtmauertürmen und der Altstadt von vergangenen Zeiten. Es ist nach dem ehemaligen Kloster St. Alban benannt und grenzt direkt an den Rhein. Im Hintergrund und auf den beiden folgenden Seiten erkennt man das Quartier «Breite» mit dem Rhybadhüsli. Das Rheinbad Breite wurde 1898 als viertes städtisches Bad erbaut. 1973 wollte die Stadt das Rheinbad Breite schliessen. Ein Verein übernahm den Betrieb und führte ihn weiter. Zu Beginn der 90er-Jahre sollte die baulich vernachlässigte Anlage abgerissen werden. Dagegen formierte sich ein Komittee aus dem Verein «Rettet das Rheinbad Breite», welches Spendengelder sammelte. Dank diesem Einsatz und mithilfe der Christoph Merian Stiftung konnte das Rhybadhüsli saniert werden. Heute beherbergt es einen Restaurationsbetrieb und im Winter wird die «Sauna am Rhy» betrieben.

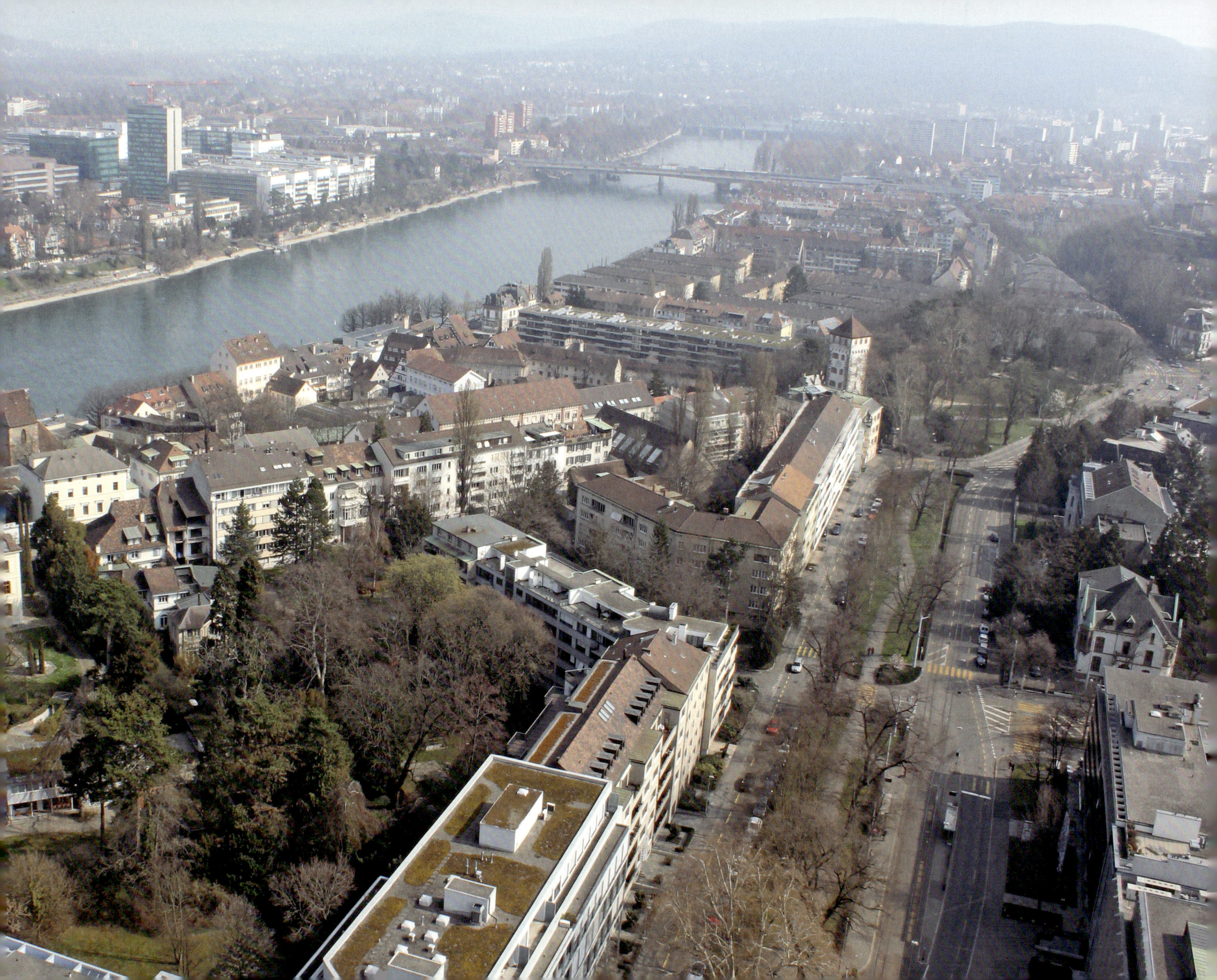

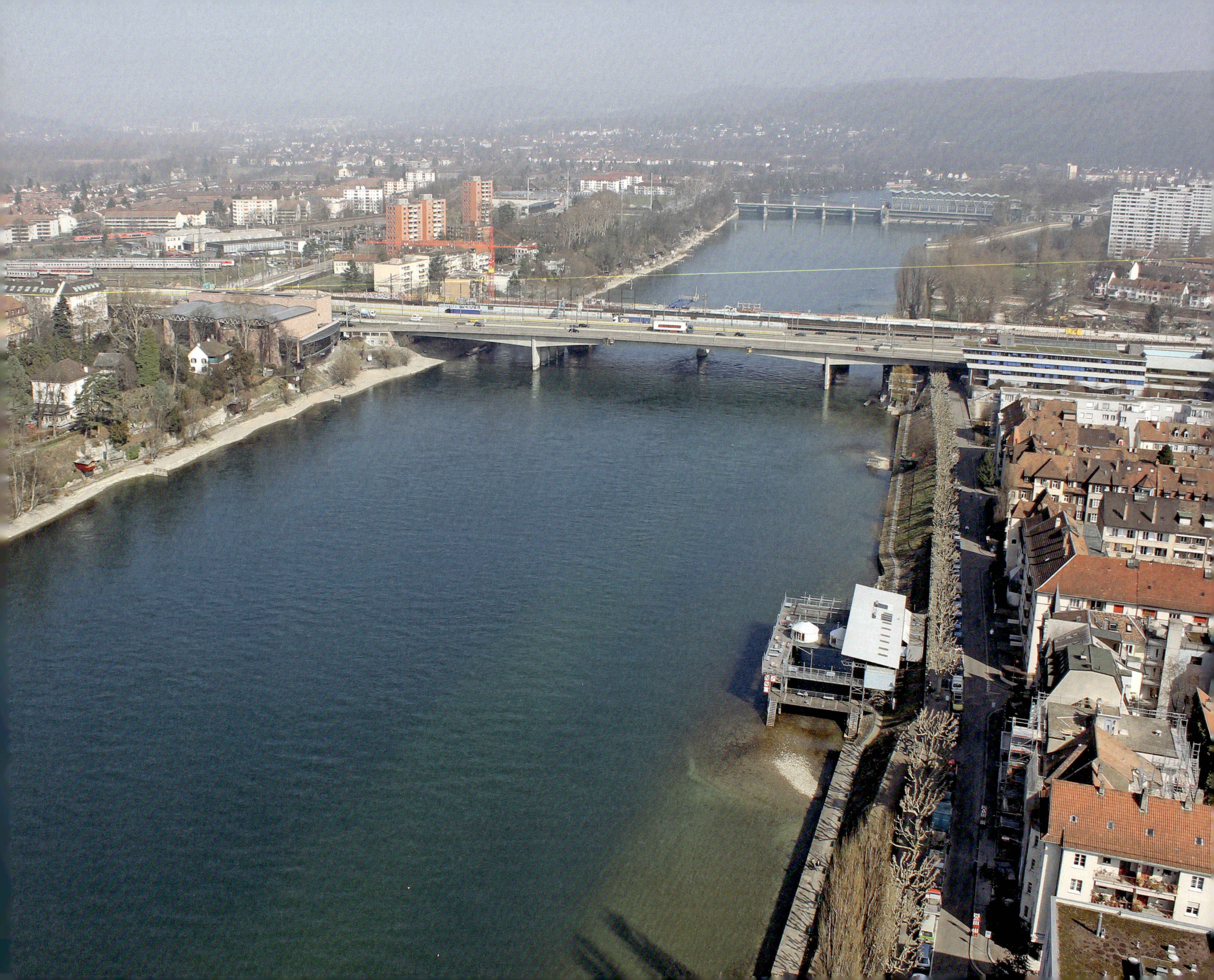

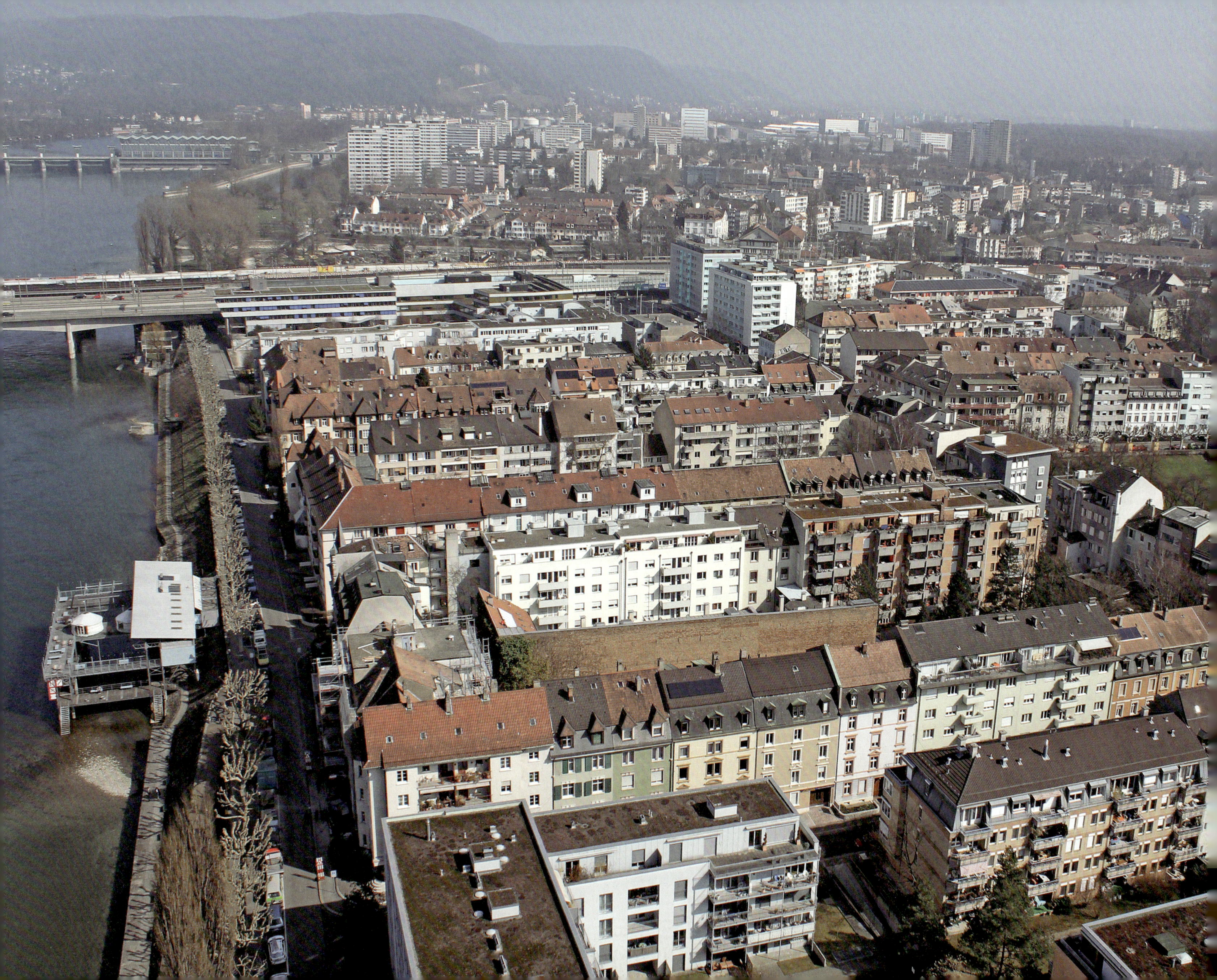

St. Alban-Tor

Das St. Alban-Tor, das in der St. Alban-Vorstadt steht, war Teil der alten Stadtmauer und steht heute unter Denkmalschutz. Früher hatte es kein Pyramidendach, sondern eine Zinnekrone. Beim Basler Erdbeben von 1356 wurde ein Teil zerstört, 1362 aber wieder aufgebaut.

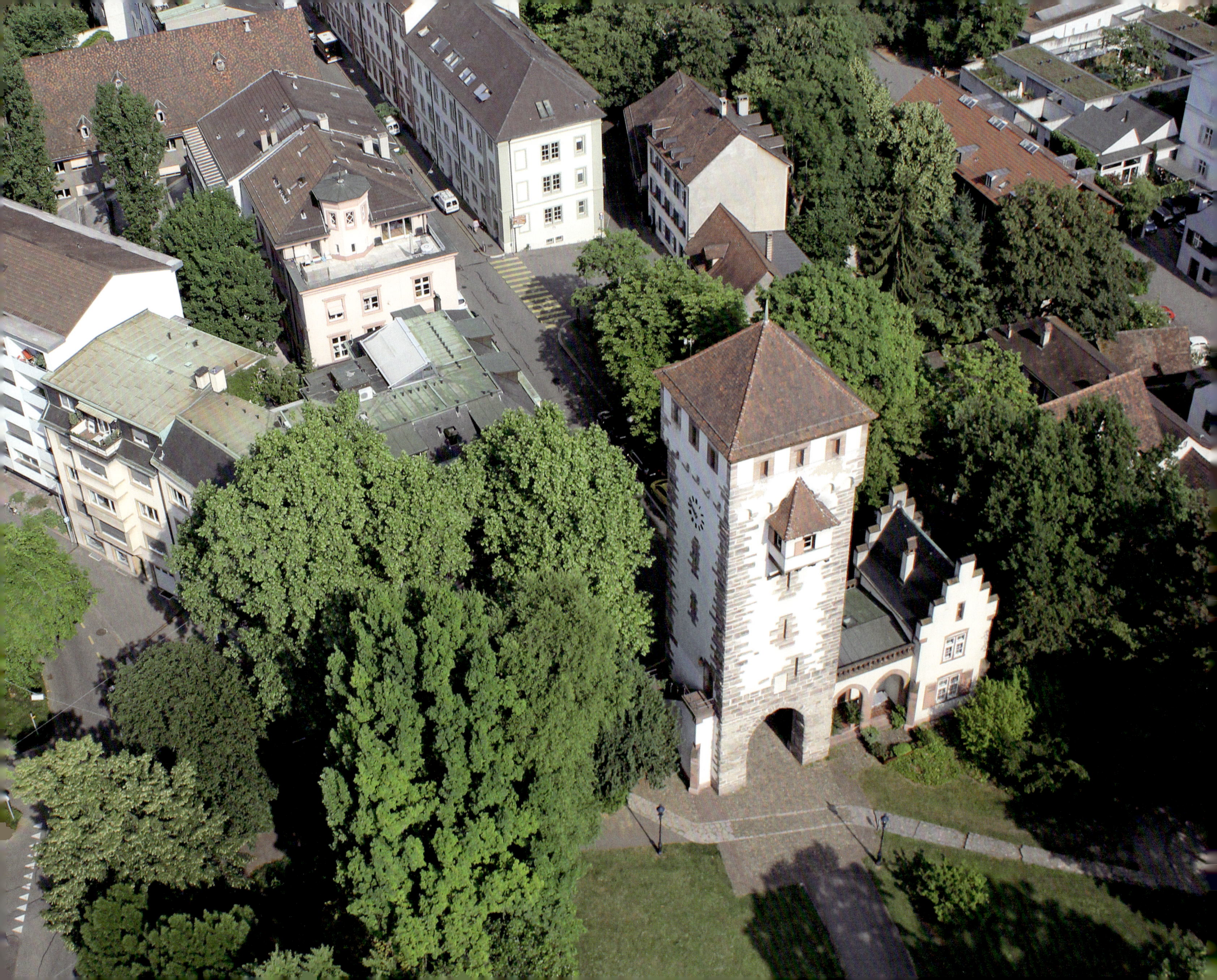

Innenstadt

Aeschenplatz mit Aeschengraben

Früher stand hier eines der Stadttore von Basel, das Aeschentor. Es wurde 1861 abgerissen, um dem städtischen Verkehr mehr Platz zu geben. Auf dem übernächsten Foto blickt man über den Aeschengraben auf den Bahnhof SBB. Die Endung «-graben» weist auf die alte Stadtmauer hin, die hier früher verlief. Im 19. Jahrhundert wurde der Aeschengraben aufgeschüttet und dient heute als wichtige Verkehrsachse.

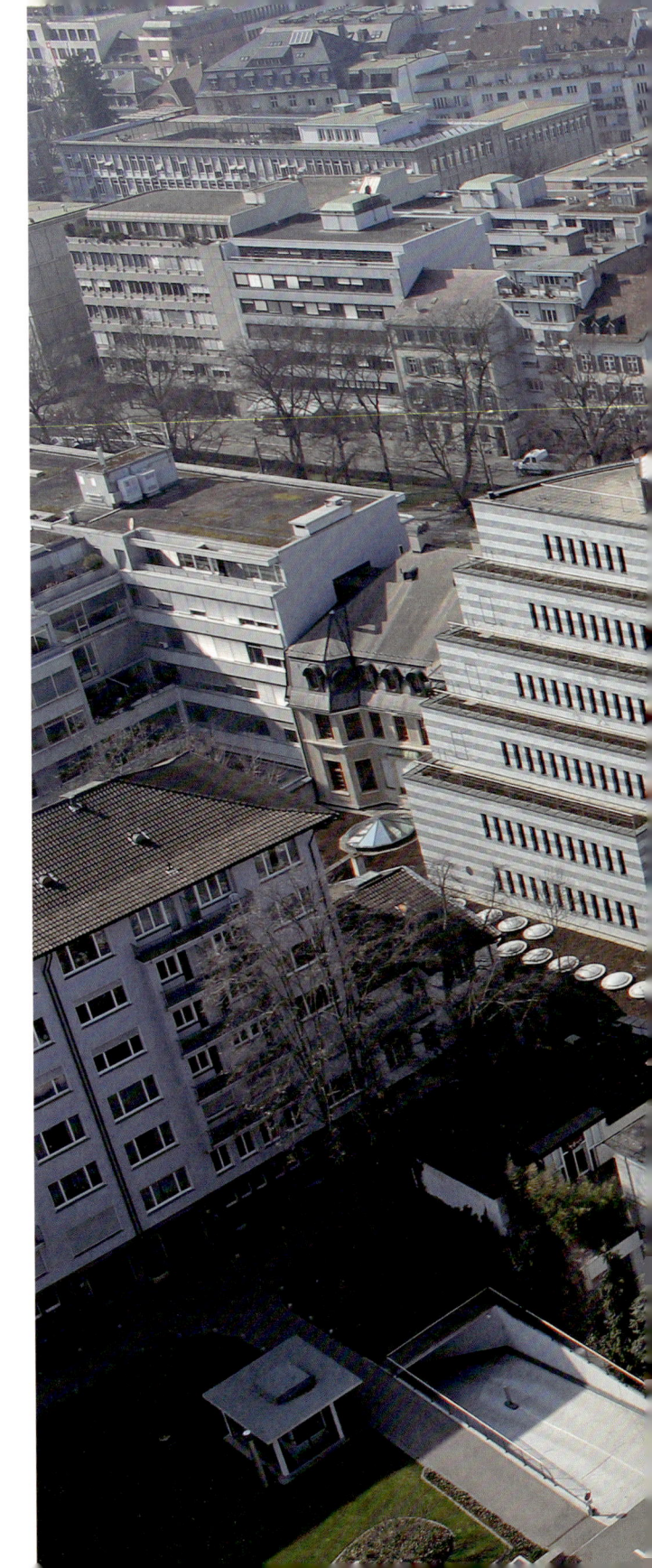

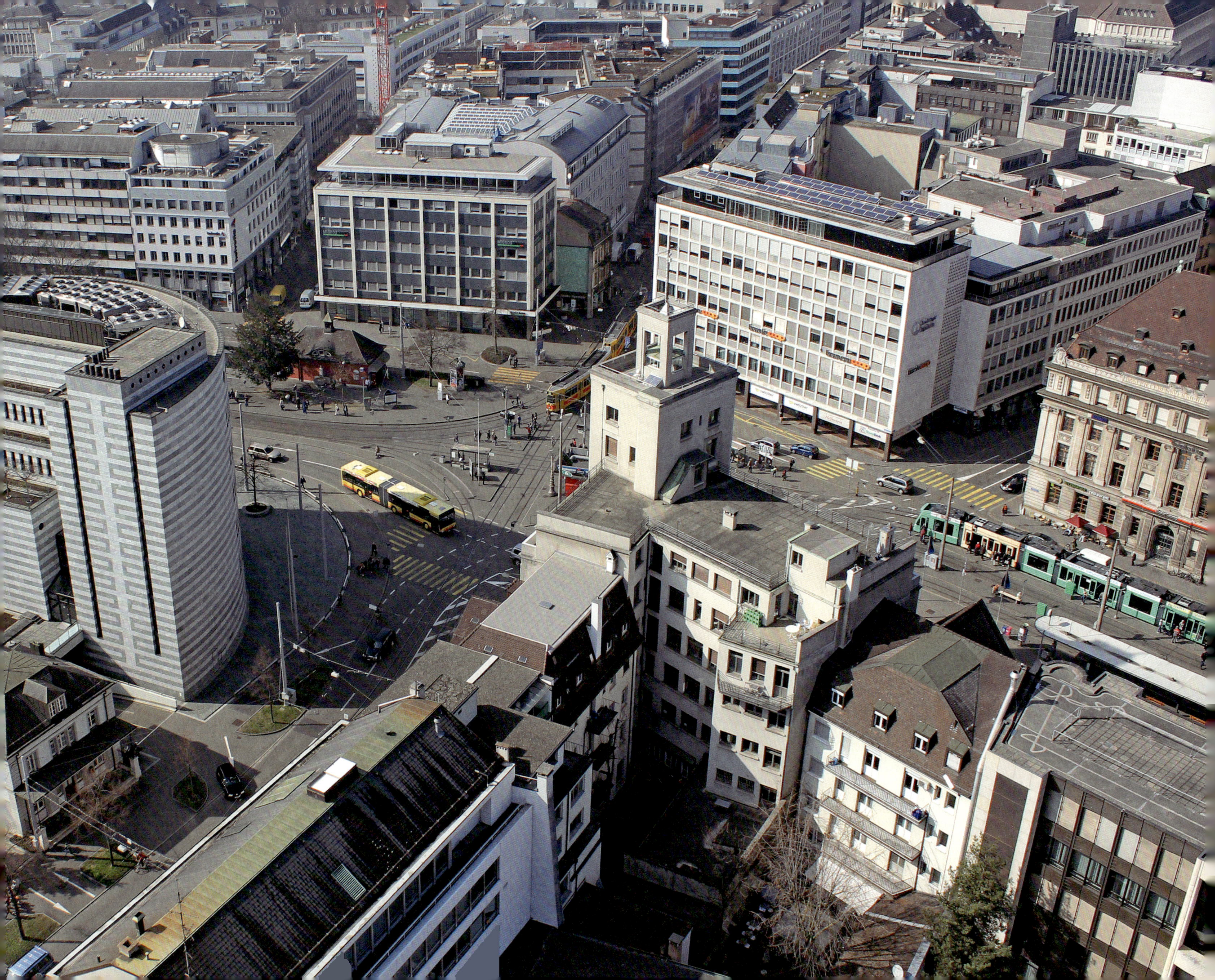

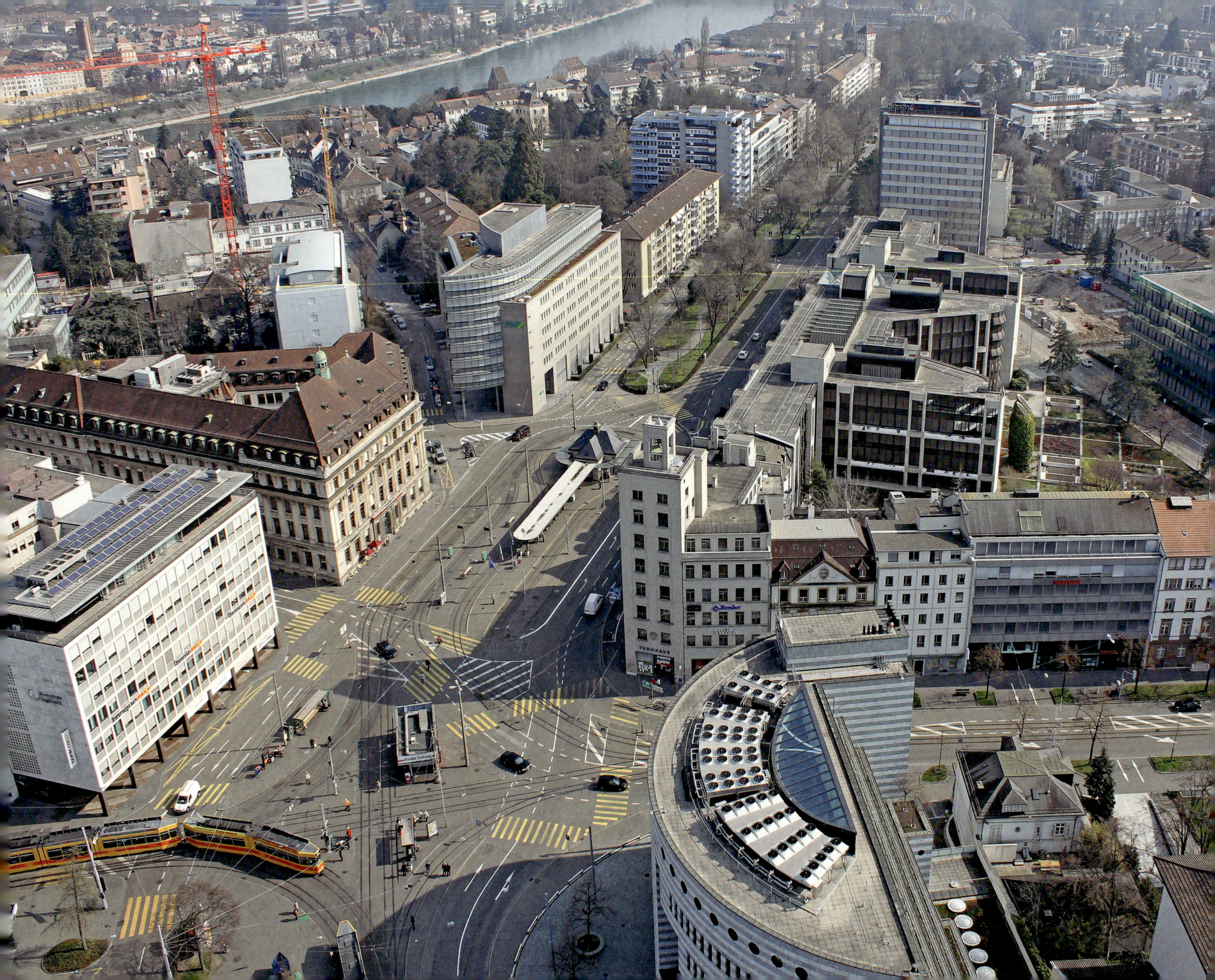
Basler
SWICA
TURMHAUS
PHOTO
RADIO

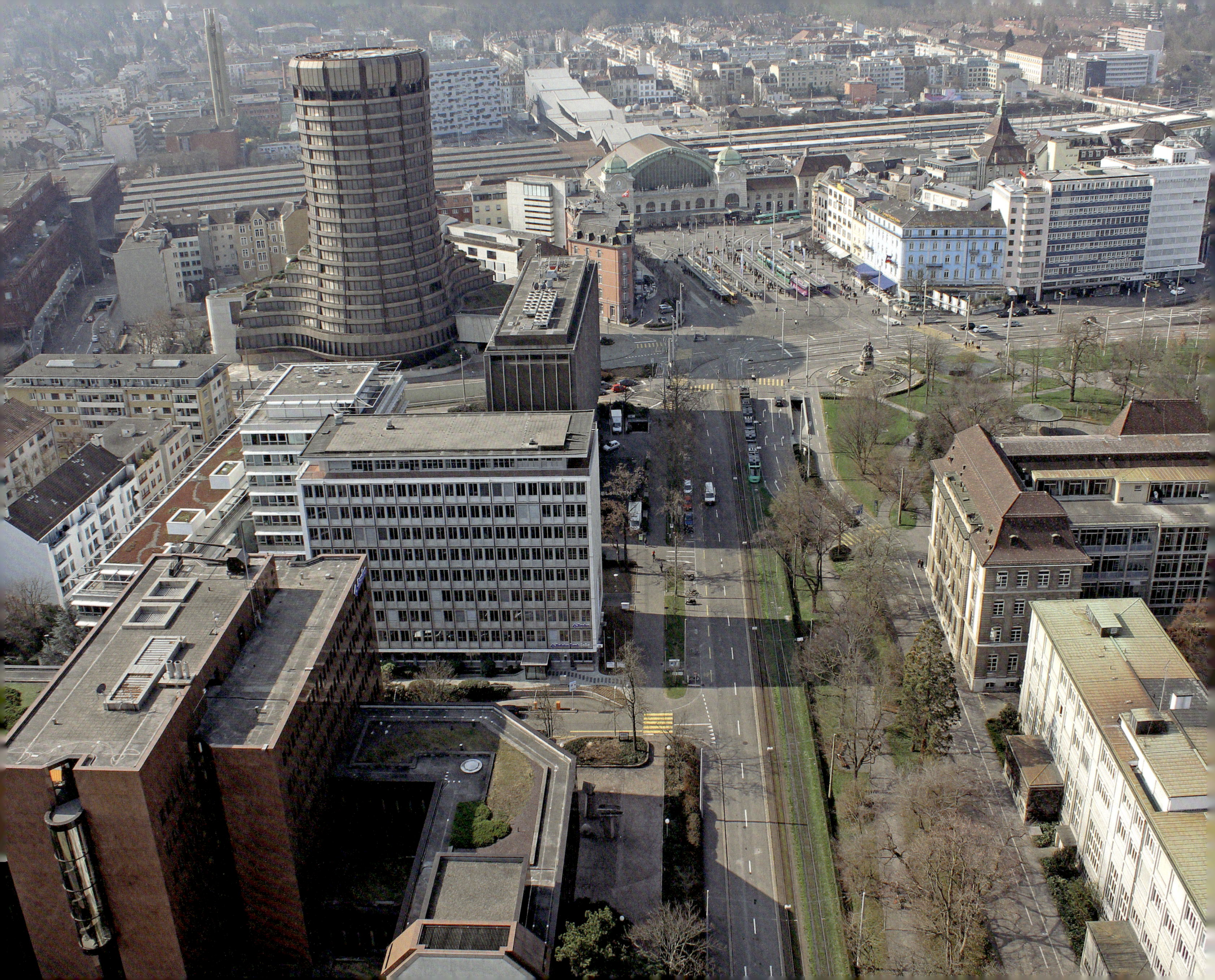

Bahnhof SBB

Der Bahnhof SBB von oben mit der Bahnhofpasserelle, die seit 2003 die Reisenden über die Geleise führt. Zudem verbindet sie den Bahnhofplatz mit dem Gundeldingerquartier. Neben dem Bahnhof steht die denkmalgeschützte Markthalle, die 1929 errichtet wurde. Damals galt ihr achteckiger Kuppelbau als drittgrösster der Welt. Zwischen 2009 und 2011 wurde die Markthalle umgebaut und saniert. Sie beherbergt heute verschiedene Geschäfte und Gastronomiebetriebe. Unter der Kuppel finden zudem Veranstaltungen statt.

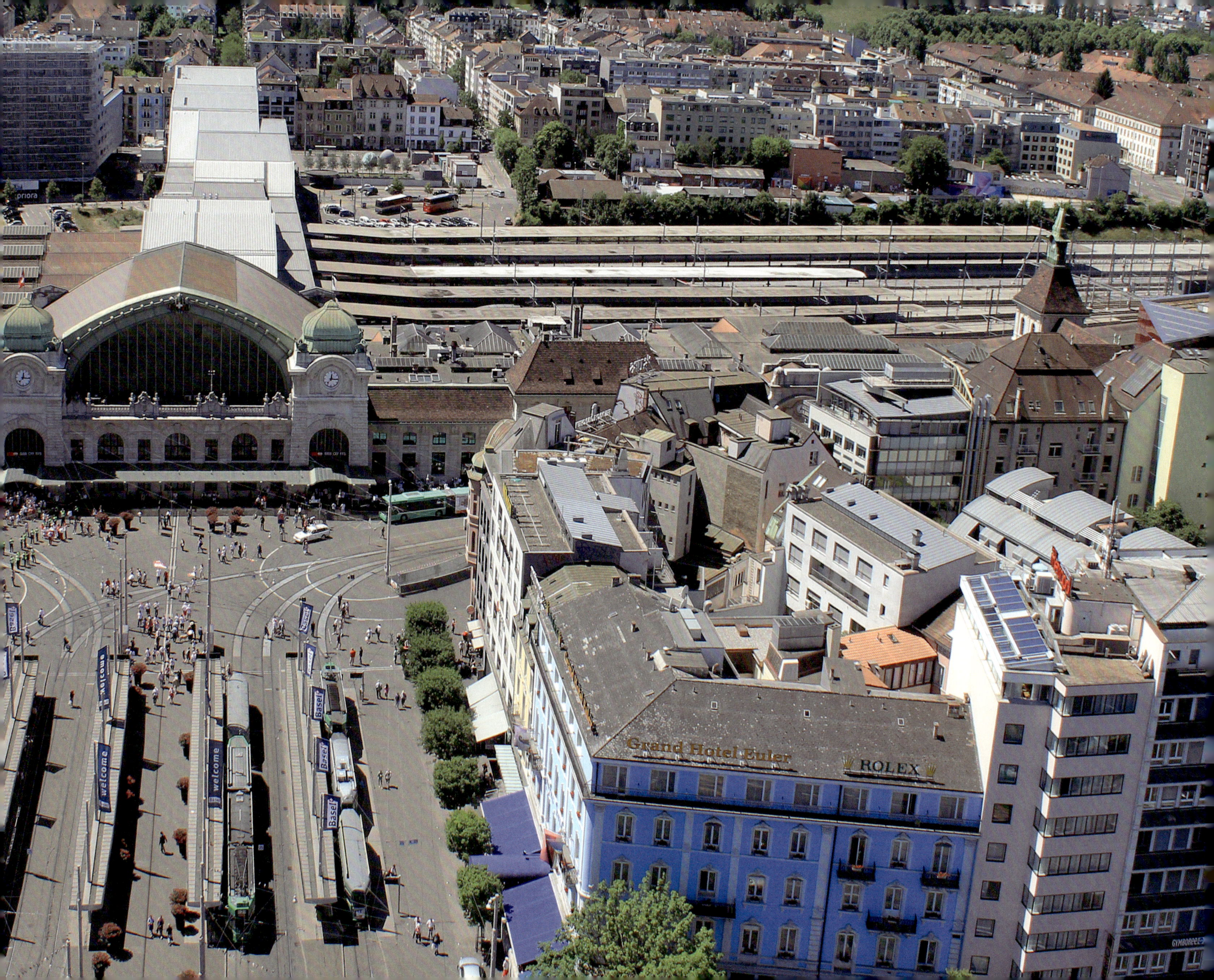
Grand Hotel Euler
ROLEX

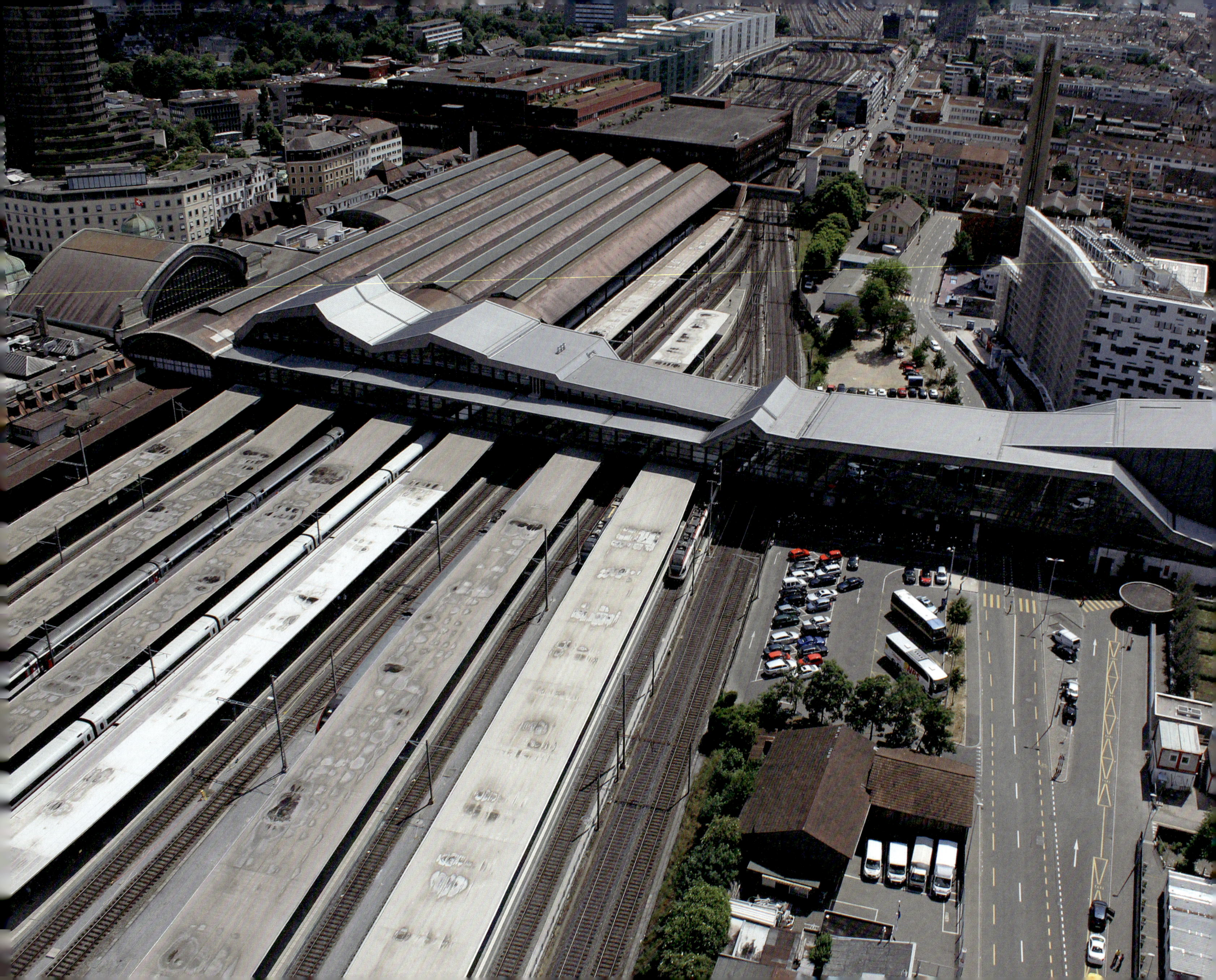

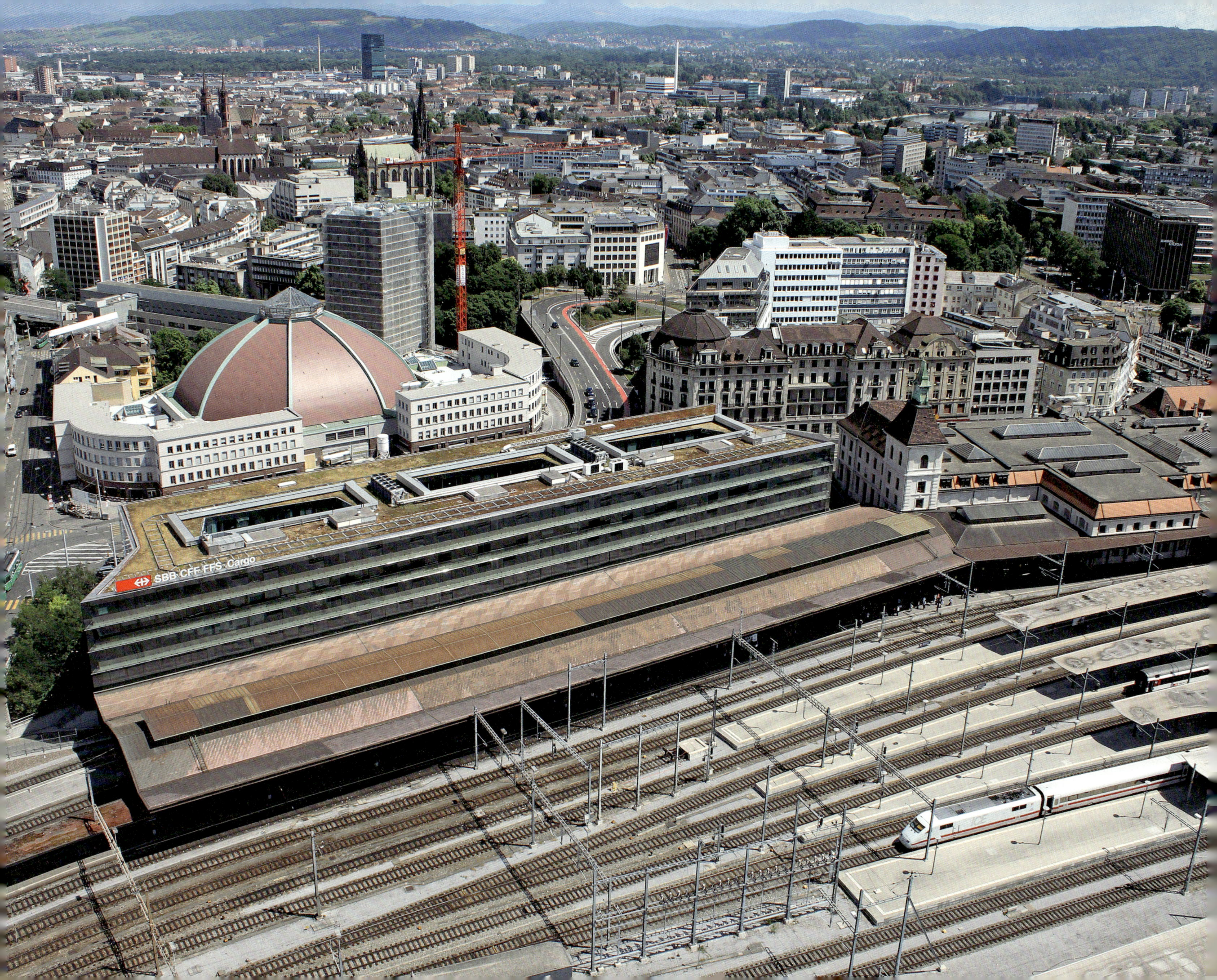
SBB CFF FFS Cargo

Elisabethenanlage

Die 1,2 Hektar grosse Elisabethenanlage ist eine schöne Parkanlage an prominenter Lage. Noch im 19. Jahrhundert war der Park ein Friedhof. 1850 wurden eine Kapelle und ein Totenhaus errichtet. Mit der Eröffnung des Wolfgottesackers wurde der Friedhof St. Elisabethen nicht mehr gebraucht und das Gebiet wurde fortan als Park genutzt. Während die Kapelle abgerissen wurde, befindet sich im ehemaligen Totenhaus heute ein Restaurant. An der südöstlichen Ecke steht ein Musikpavillon, der 1905 eingeweiht wurde.

LONZA
HILTON
SCHWEIZERHOF
DA ROBERTO
BILDUNGSZENTRUM BASEL
NSH

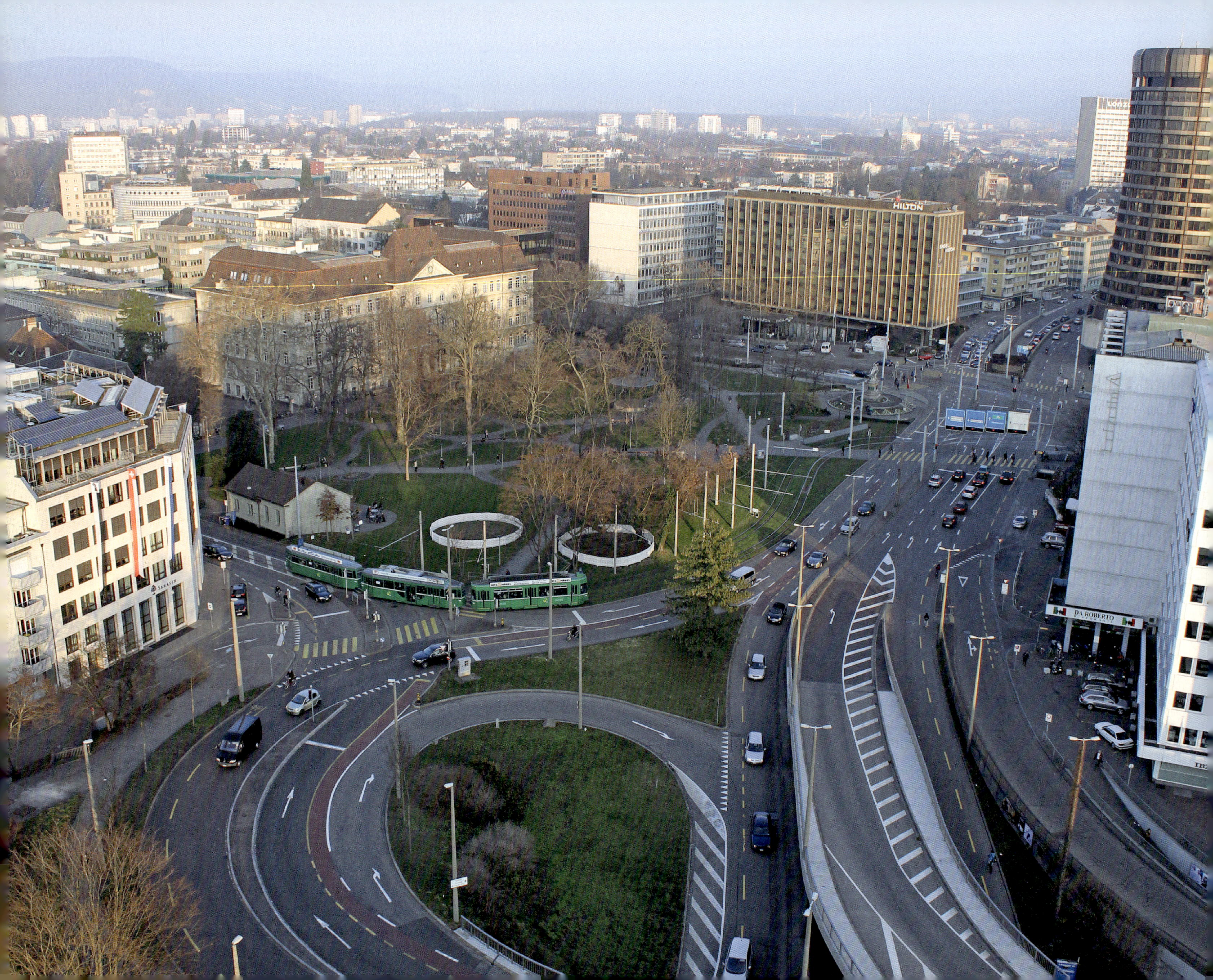
HILTON
DA ROBERTO

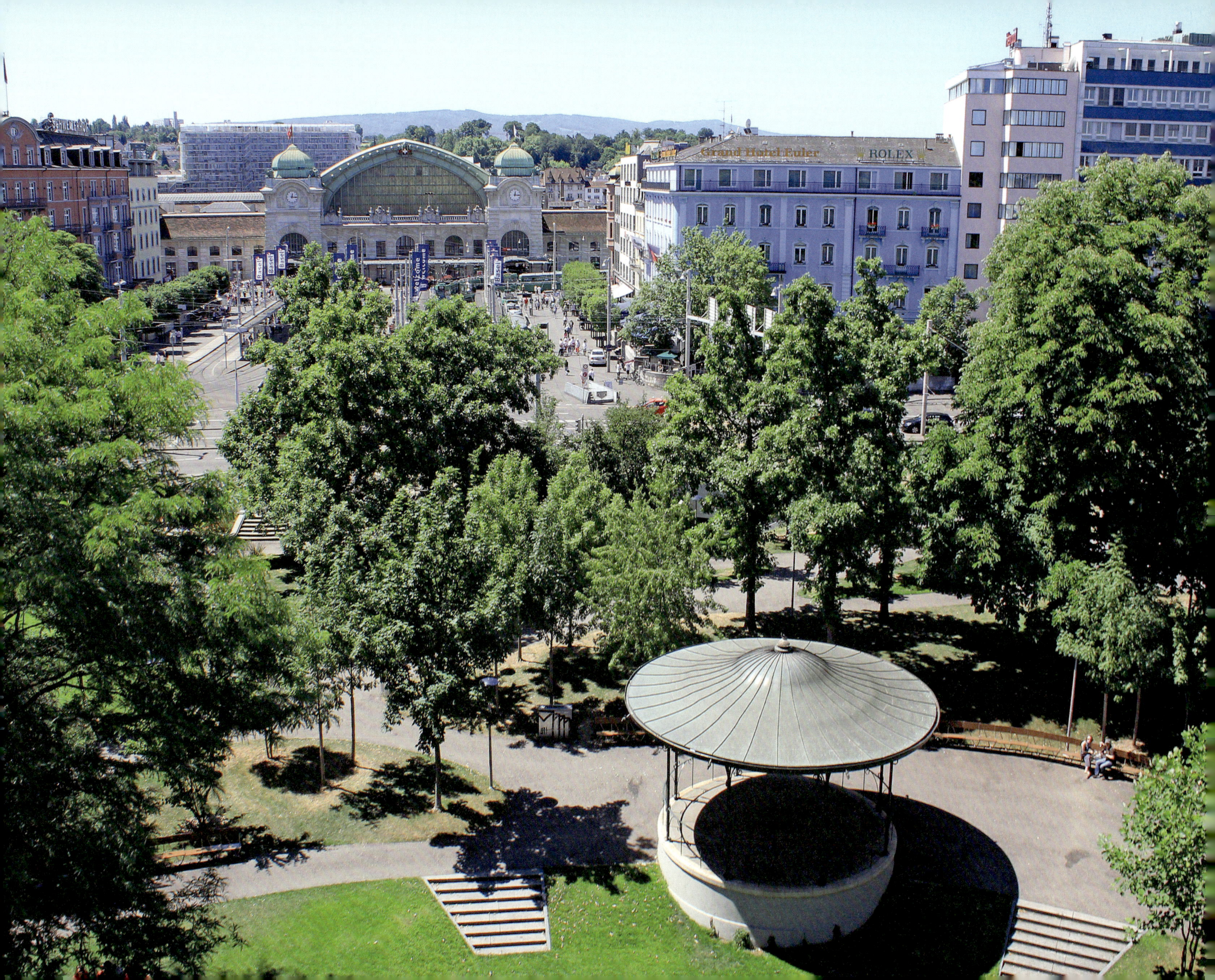
Grand Hotel Euler
ROLEX

Steinen

Blick auf die Steinenvorstadt, die Steinentorstrasse und den Klosterberg. Rechts im Bild ist die Elisabethenkirche zu sehen. Die von 1857 bis 1864 gebaute Kirche war der erste Kirchenneubau seit der Reformation und wurde von Christoph Merian gestiftet. Ende der 1960er-Jahre war sie vom Abbruch bedroht, heute steht sie unter Denkmalschutz.

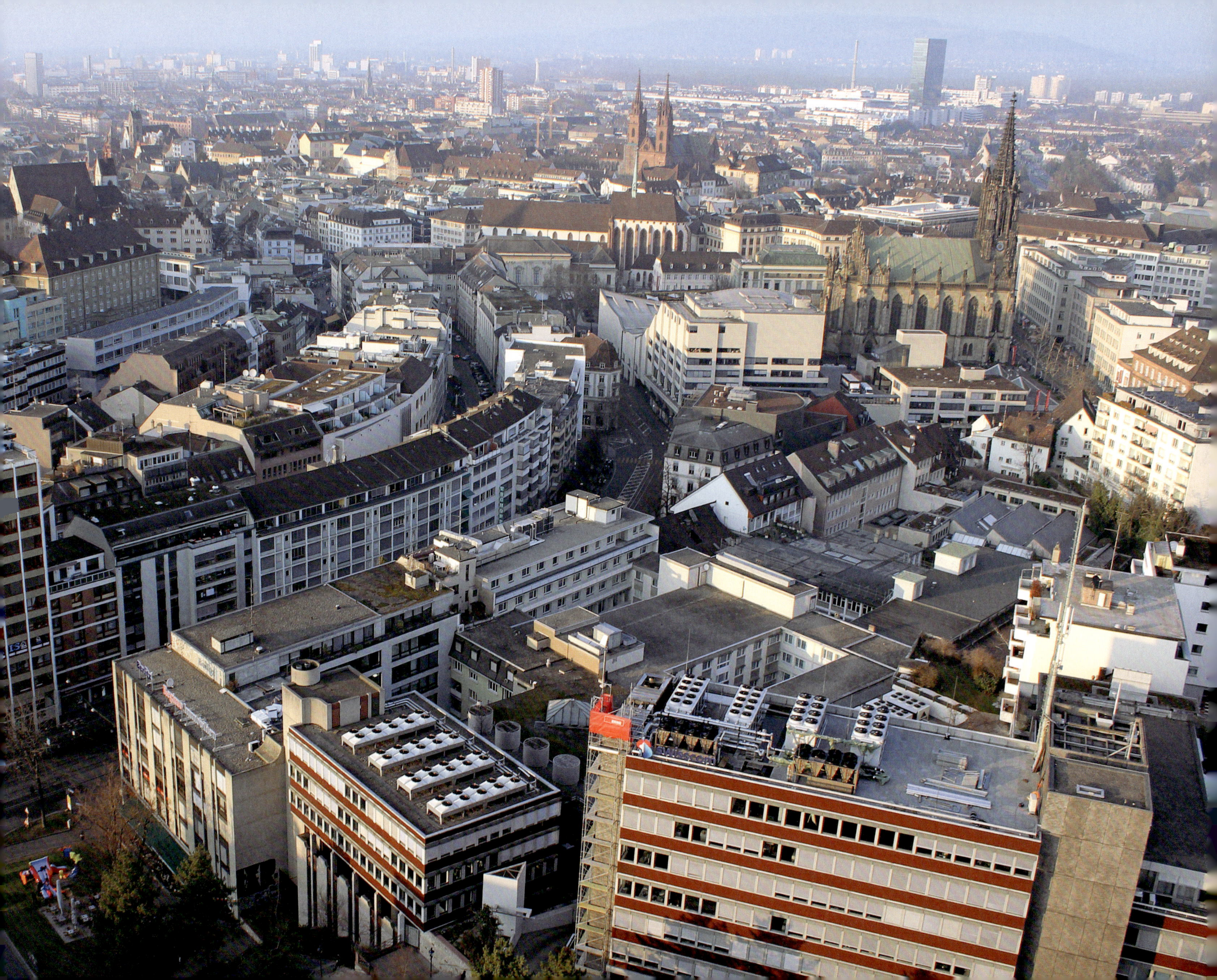

Kohlenberg

Der Name Kohlenberg rührt daher, dass dort einst Köhler das geschlagene Holz zu Kohle machten. Heute steht dort der Lohnhof, der bis 1995 als Strafanstalt diente und heute ein Museum, ein Dialekttheater, einen Jazzclub und ein Hotel beherbergt. Gegenüber befindet sich das Gymnasium Leonhard, in dem bis 1968 nur Mädchen unterrichtet wurden.

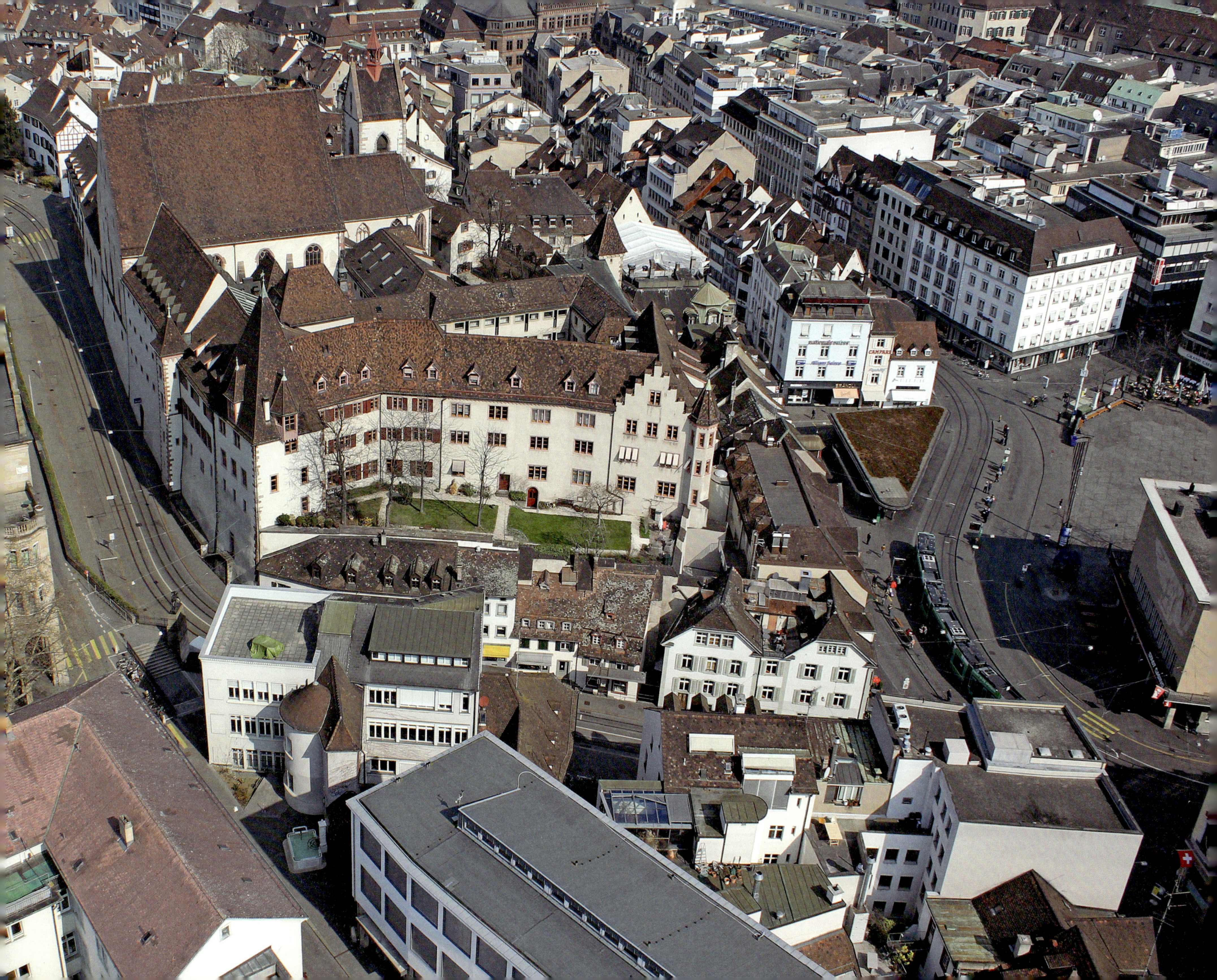

Theater

Das Stadttheater mit dem markant geschwungenen Dach ist das grösste Dreispartenhaus (Oper, Schauspiel, Tanz) der Schweiz. Es hat ein Budget von rund 45 Millionen Franken, Trägerschaft ist die Theatergenossenschaft Basel. Der Bau mit seiner charakteristischen unregelmässigen Form mit dem geschwungenen Dach wurde 1975 eröffnet. Auf dem Theaterplatz befinden sich der berühmte Fasnachtsbrunnen vom Eisenplastiker Jean Tinguely sowie eine monumentale Eisenplastik von Richard Serra.

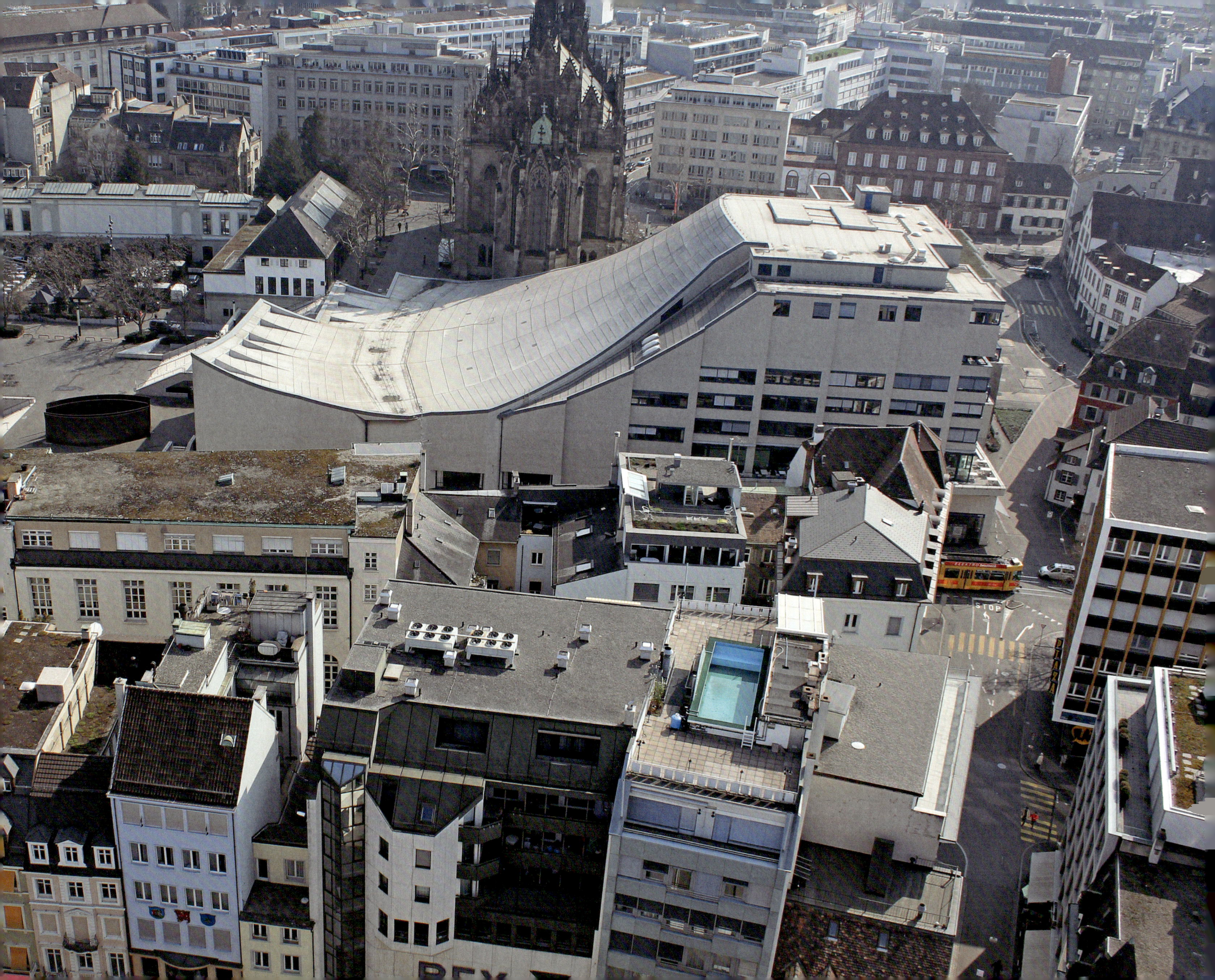

Barfüsserplatz

Seinen Namen verdankt der Barfüsserplatz dem Bettelorden der Franziskaner, auch «Barfüsser» genannt, der an dieser Stelle 1256 ein Kloster erbauen liess. Nach dem Erdbeben von 1356 diente der Klostervorplatz einige Jahre als Marktplatz. Auf dem «Barfi» wurde Holz und Kohle gehandelt sowie Schweinehandel betrieben. Daher kommt auch der heute noch verwendete Übername «Seibi». Heute ist der «Barfi» ein Tramknotenpunkt, ein beliebter Treffpunkt für Jugendliche und einer der belebtesten Plätze in Basel.

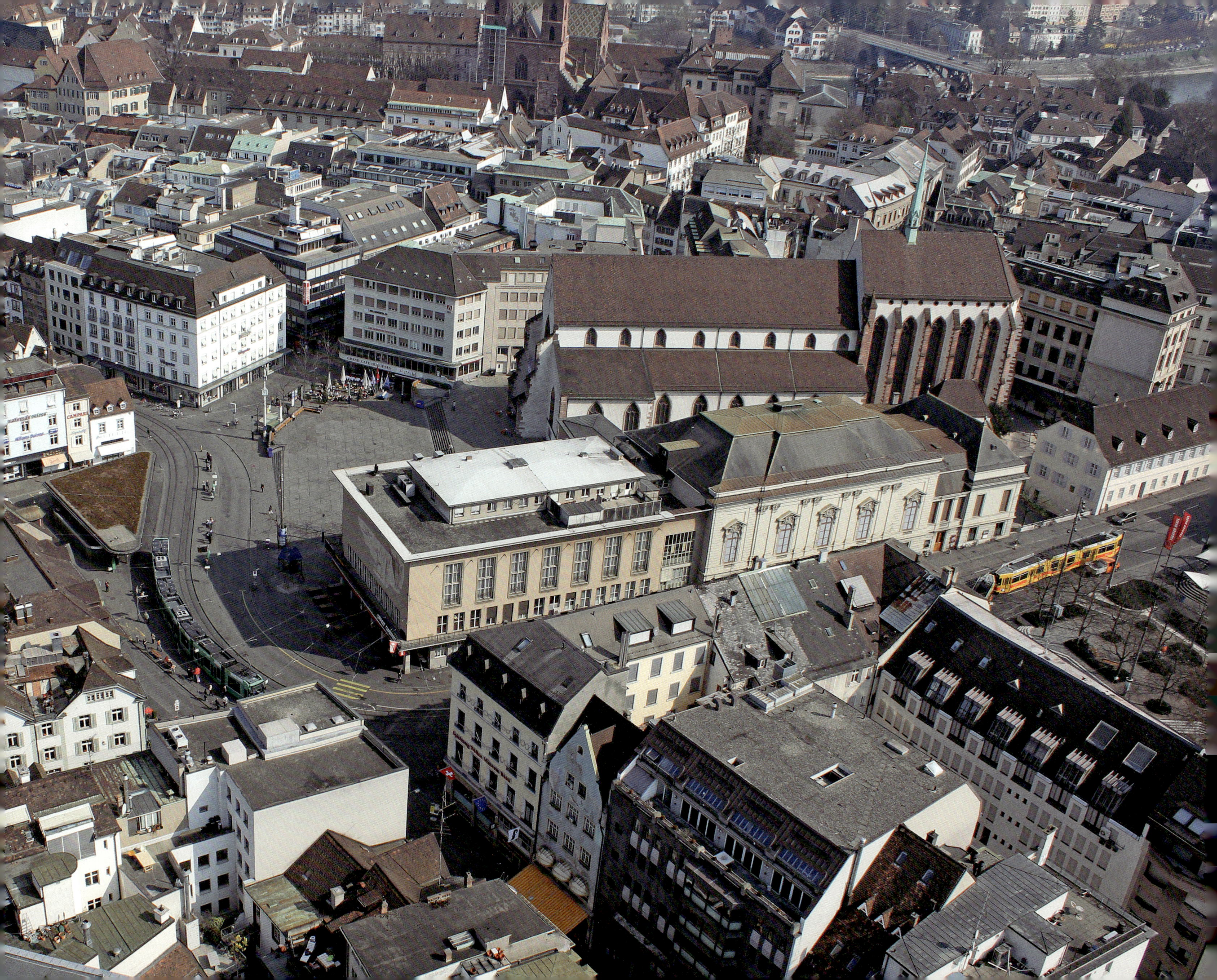

Barfüsserkirche

Die spätgotische Barfüsserkirche wurde für den Bettelorden der Franziskaner, auch «Barfüsser» genannt, erbaut und 1256 vollendet. Mit der Reformation wurden die Mauern des Barfüsserklosters niedergerissen und der Platz wurde vergrössert. Die ehemalige Klosterkirche beherbergt heute einen Teil des Historischen Museums Basel.

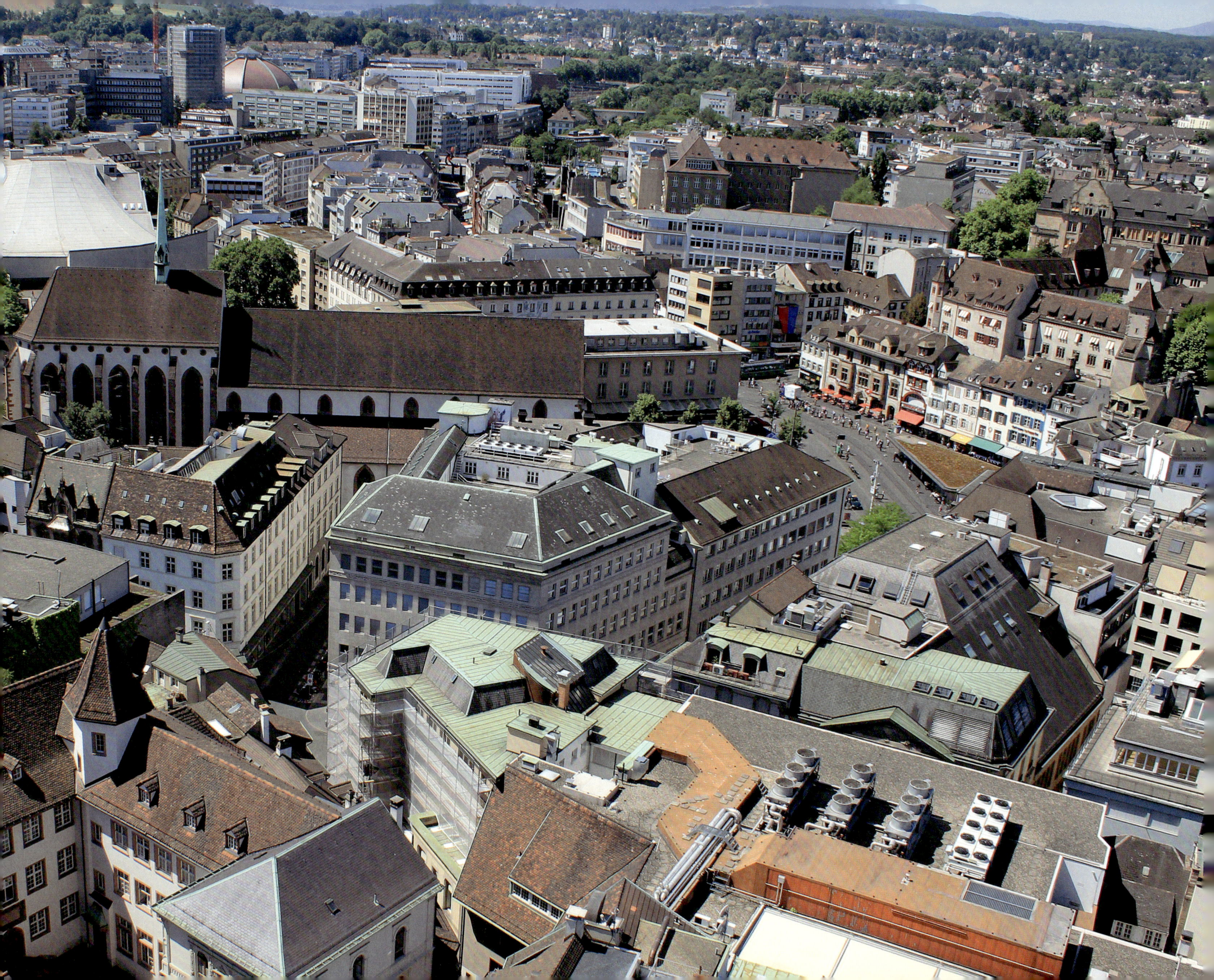

Münster

Hoch über dem Rhein und weithin sichtbar thront das wohl berühmteste Basler Wahrzeichen: das Münster. Mit seinen roten Sandsteinmauern, dem bunten Dach und den hohen Türmen beherrscht es den Münsterhügel. Der heutige Bau geht im Wesentlichen auf den spätromanischen Neubau aus dem letzten Drittel des 12. Jahrhunderts zurück. Das Basler Erdbeben zerstörte 1356 die fünf Türme, verschiedene Gewölbe und Teile der Krypten. Es wurde wieder aufgebaut und 1363 konnte der Hochaltar wieder geweiht werden. Bis ins 15. Jahrhundert erfolgten mehrere Aus- und Umbauten. Seit 1500 galt es als offiziell vollendet. Von der Pfalz, im Rücken des Münsterchors, hat man einen herrlichen Blick auf den Rhein und hinüber ins Kleinbasel.

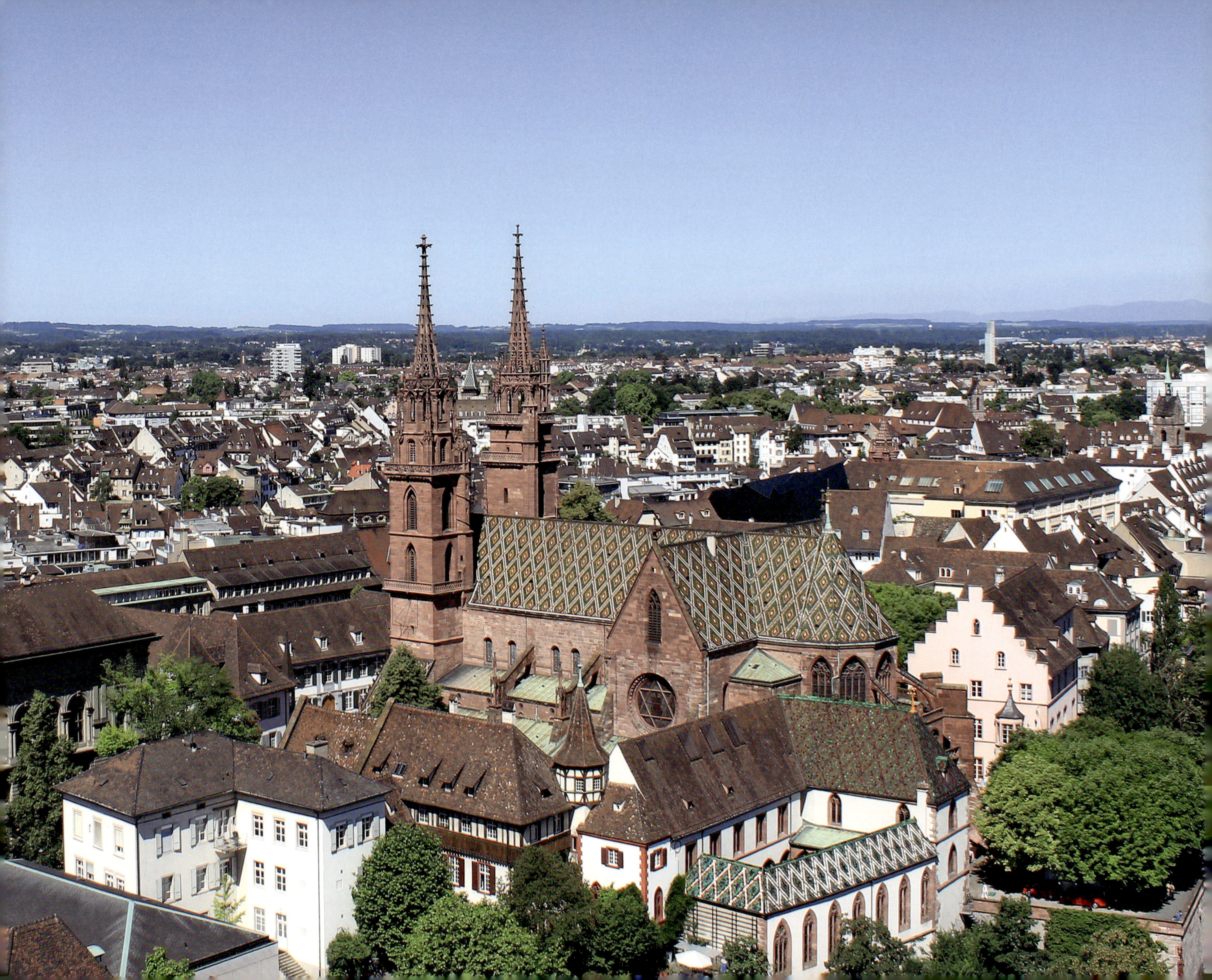

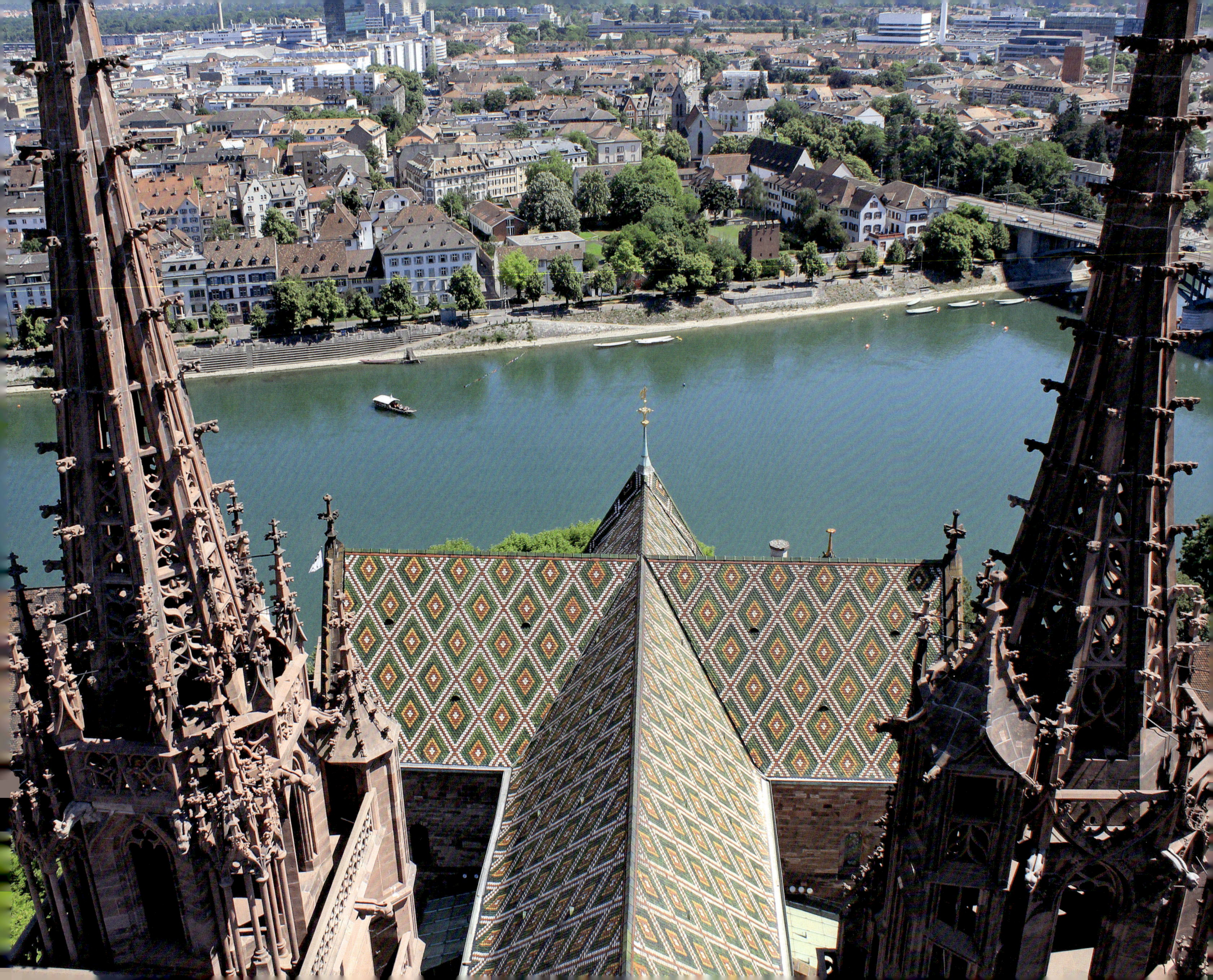

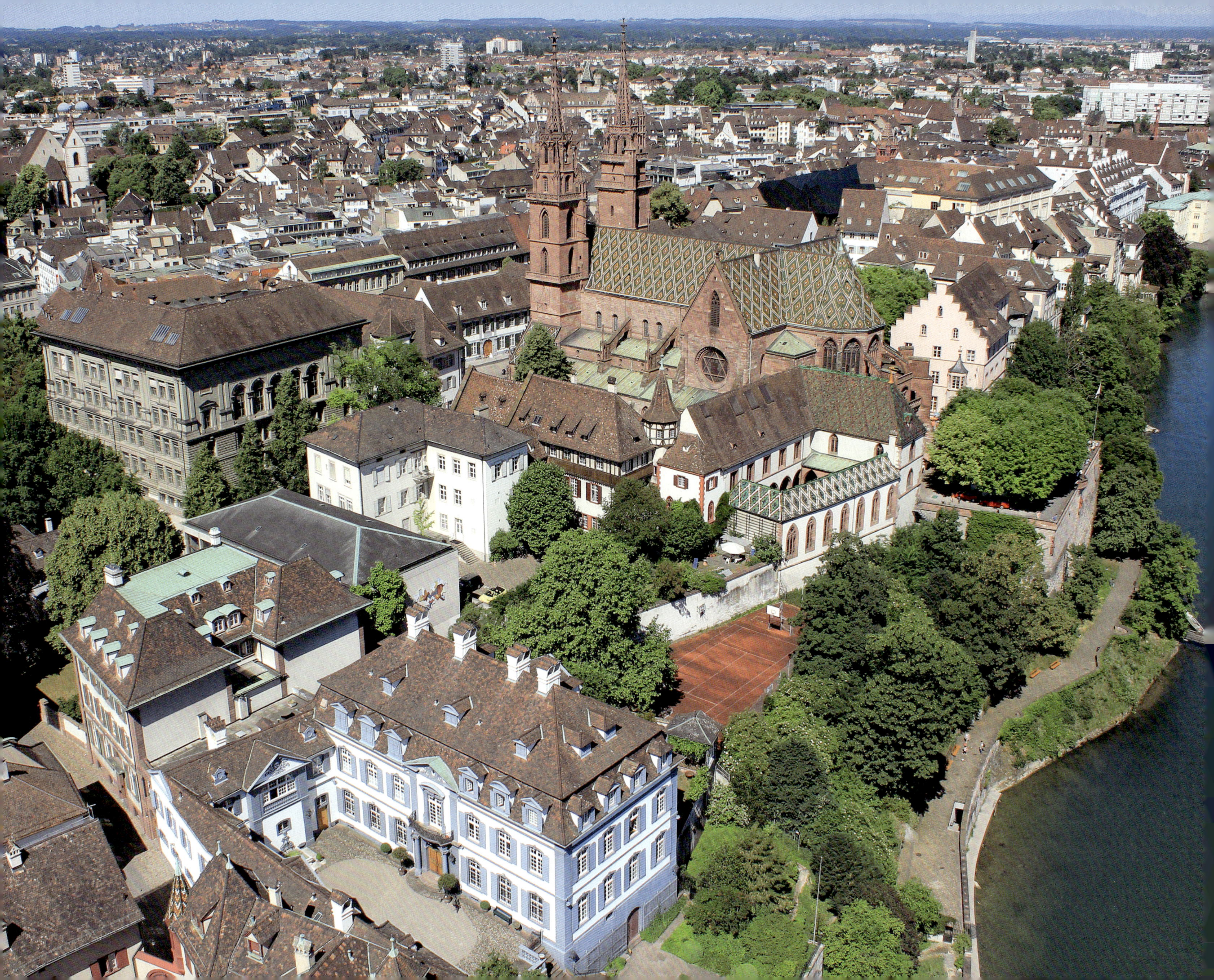

Petersgasse

Zum ersten Mal wird die Petersgasse 1285 unter dem Namen «vicus Monachorum» (Mönchsgasse) in den Analen der Stadt erwähnt. 1285 dann erscheint sie als «münchen gasse». Zurückzuführen ist der Name auf die adlige Familie Münch von Landskron, die mehrere Häuser und Ländereien in der Gegend von St. Peter besass und in der Petersgasse ihren städtischen Wohnsitz hatte. An der Petersgasse liegt auch der Hintereingang des Spiegelhofs, in dem sich Teile der kantonalen Verwaltung befinden.

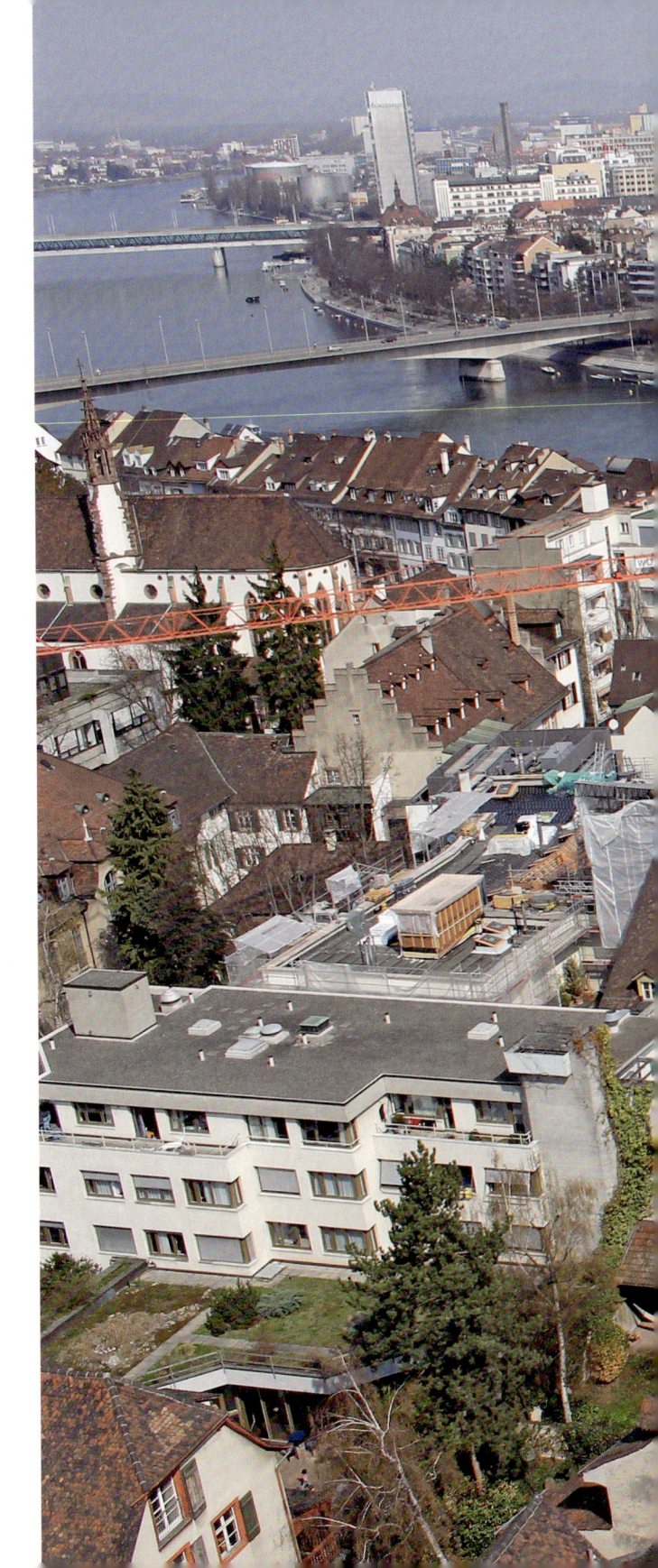

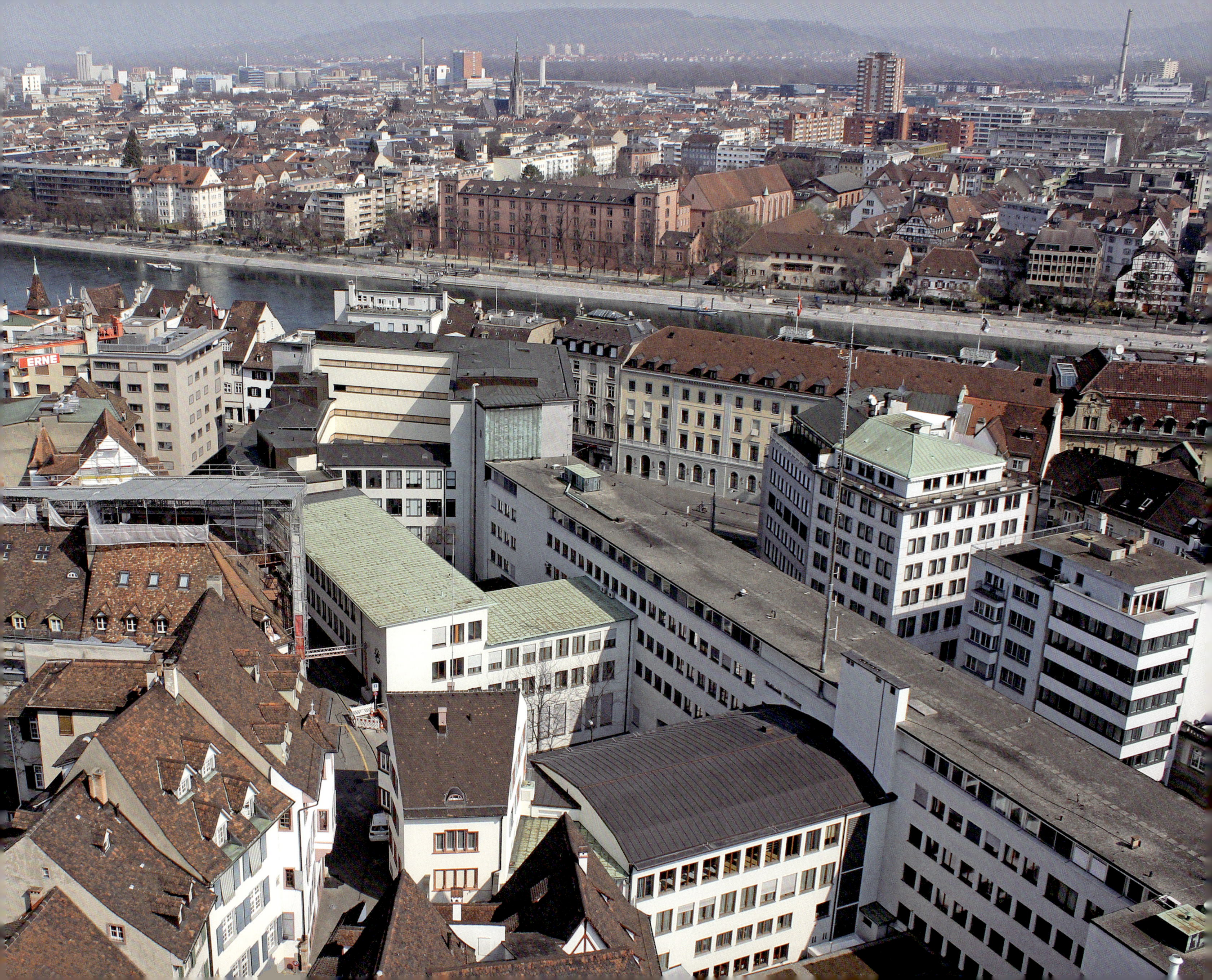
ERNE

Nadelberg

Der Nadelberg zwischen Marktplatz und Petersgraben wurde schon im 14. Jahrhundert urkundlich erwähnt. Ob der Name von der Form des Geländes oder vom Nadlergewerbe stammt, ist nicht bekannt. Mit den grösstenteils erhaltenen Fassaden der Patrizierhäuser und vielen kleinen Läden und Handwerksbuden gehört die Gasse zu den schönsten der Altstadt. Im Hintergrund erkennt man den Spalenberg.

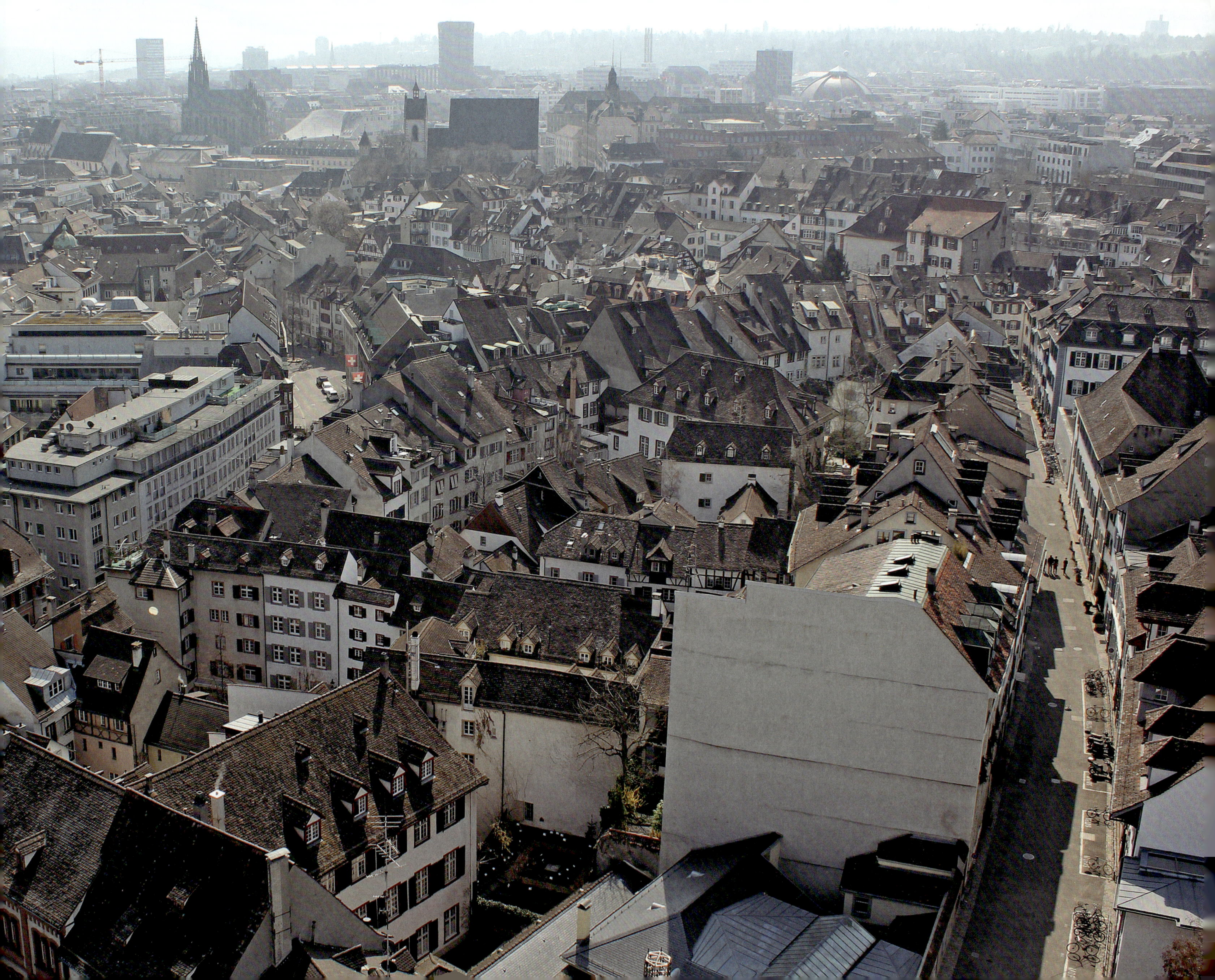

Petersgraben

Der Petersgraben führt von der Lyss am Kollegiengebäude der Universität und am Universitätsspital vorbei Richtung Rhein. Die Universität Basel, 1460 im Zusammenhang mit dem Basler Konzil gegründet, ist die älteste Hochschule der Schweiz. Im Lauf der Jahrhunderte kamen grosse Gelehrte in die Universitätsstadt, was Basel zu einem Zentrum des Humanismus und der Buchdruckerkunst machte. Das Universitätsspital ist das grösste Gesundheitszentrum der Nordwestschweiz. Die enge Zusammenarbeit mit der Universität und den in der Region ansässigen Life-Science-Unternehmen ermöglicht Forschung auf höchstem wissenschaftlichem Niveau.

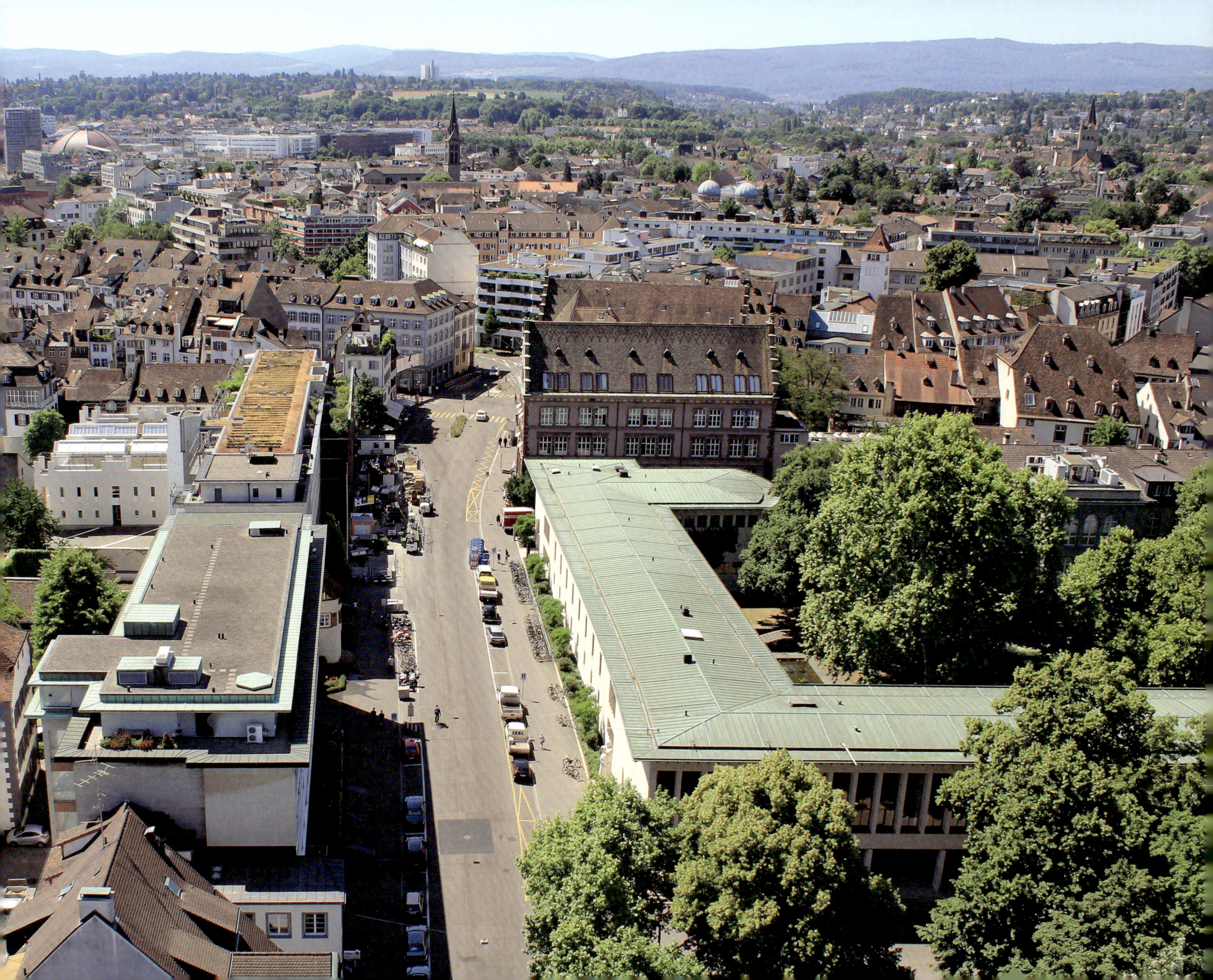

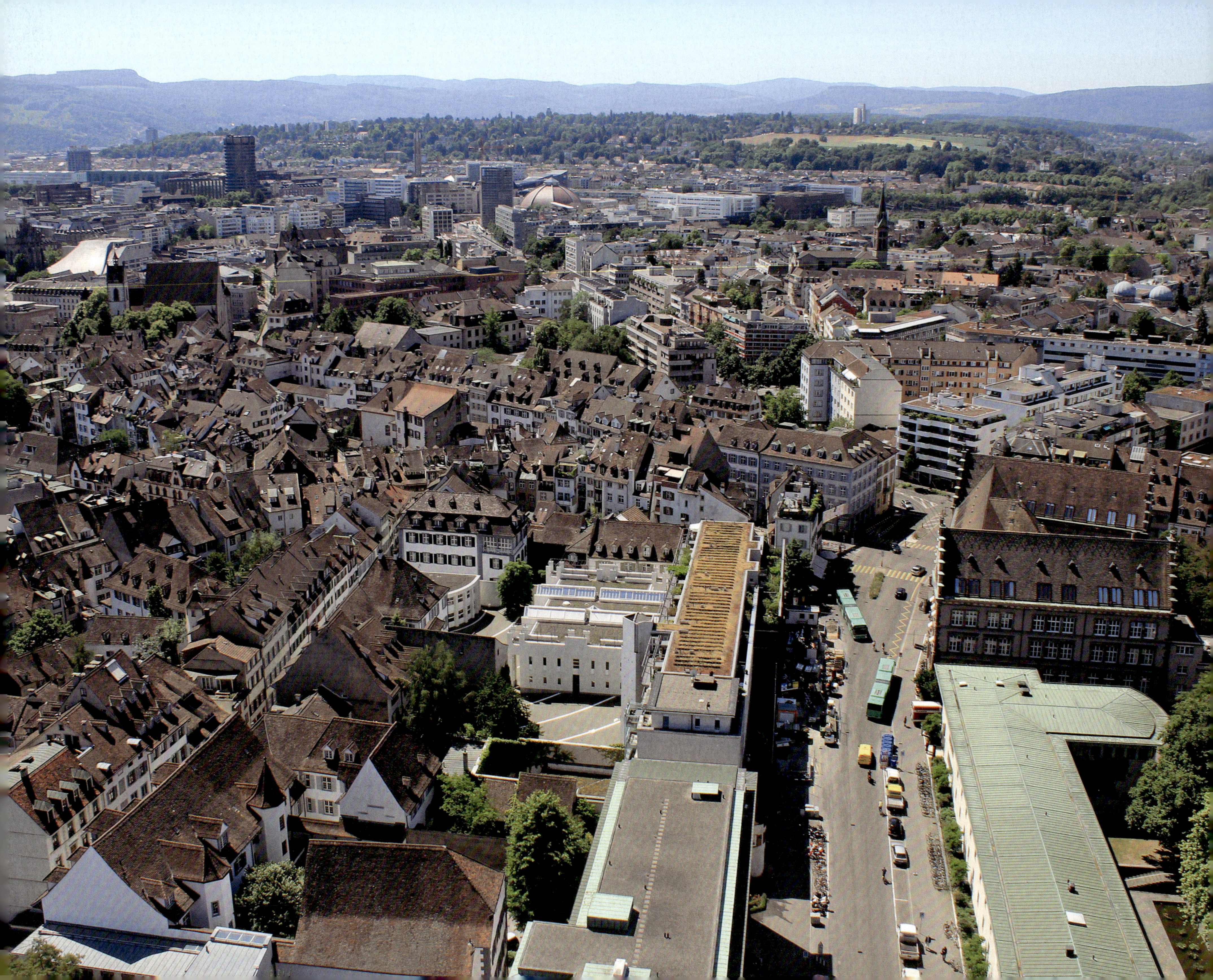

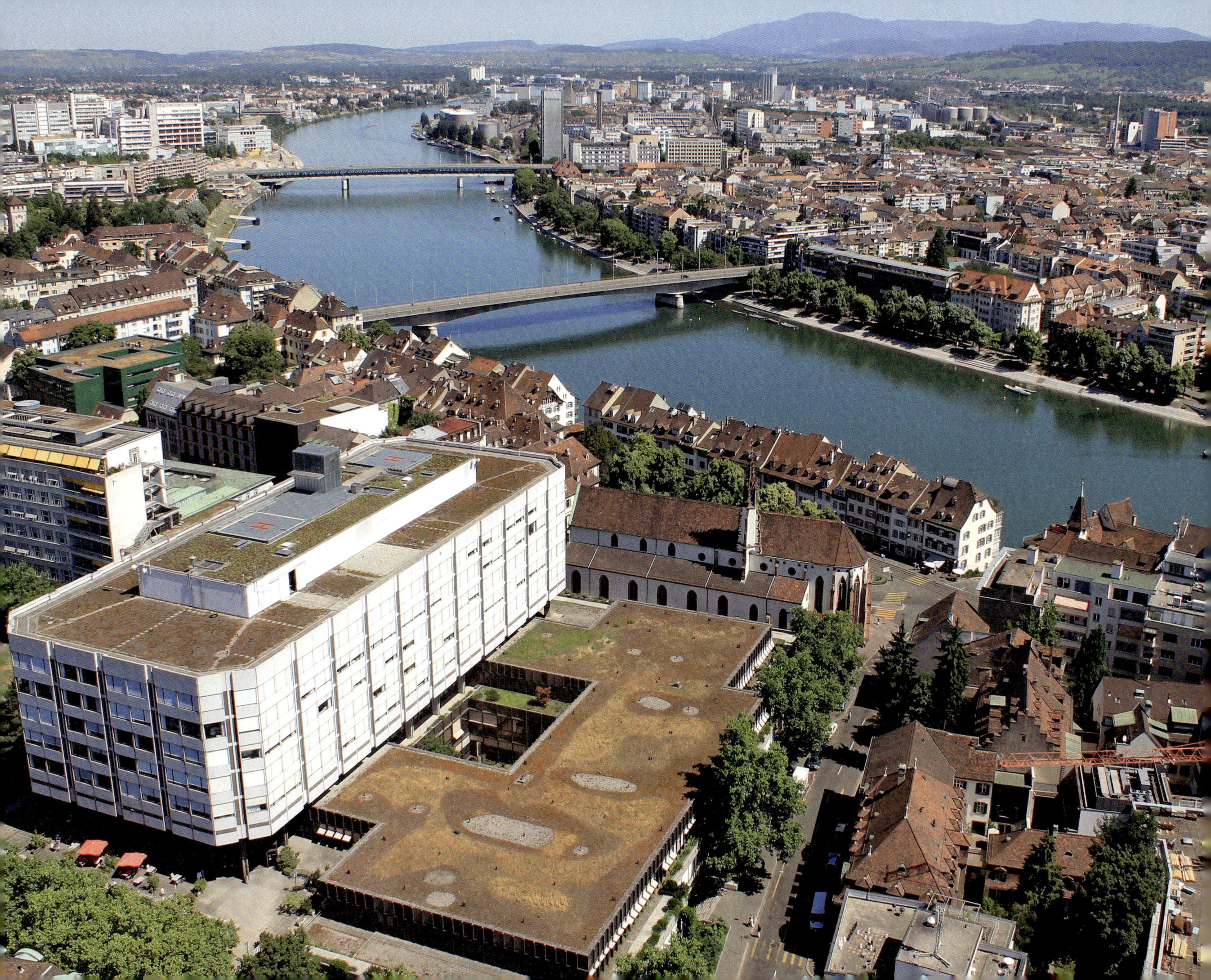

Fischmarkt

Der Verkauf von Fischen fand an diesem Platz seit dem Mittelalter bis 1938 statt, zuerst täglich, später nur noch freitags. Der um 1390 erbaute Fischmarktbrunnen gilt als einer der schönsten gotischen Brunnen in Europa. Von den Säulenflächen grüssen Maria in Richtung Rhein, Johannes in Richtung Marktplatz und Petrus in Richtung Spiegelhof.

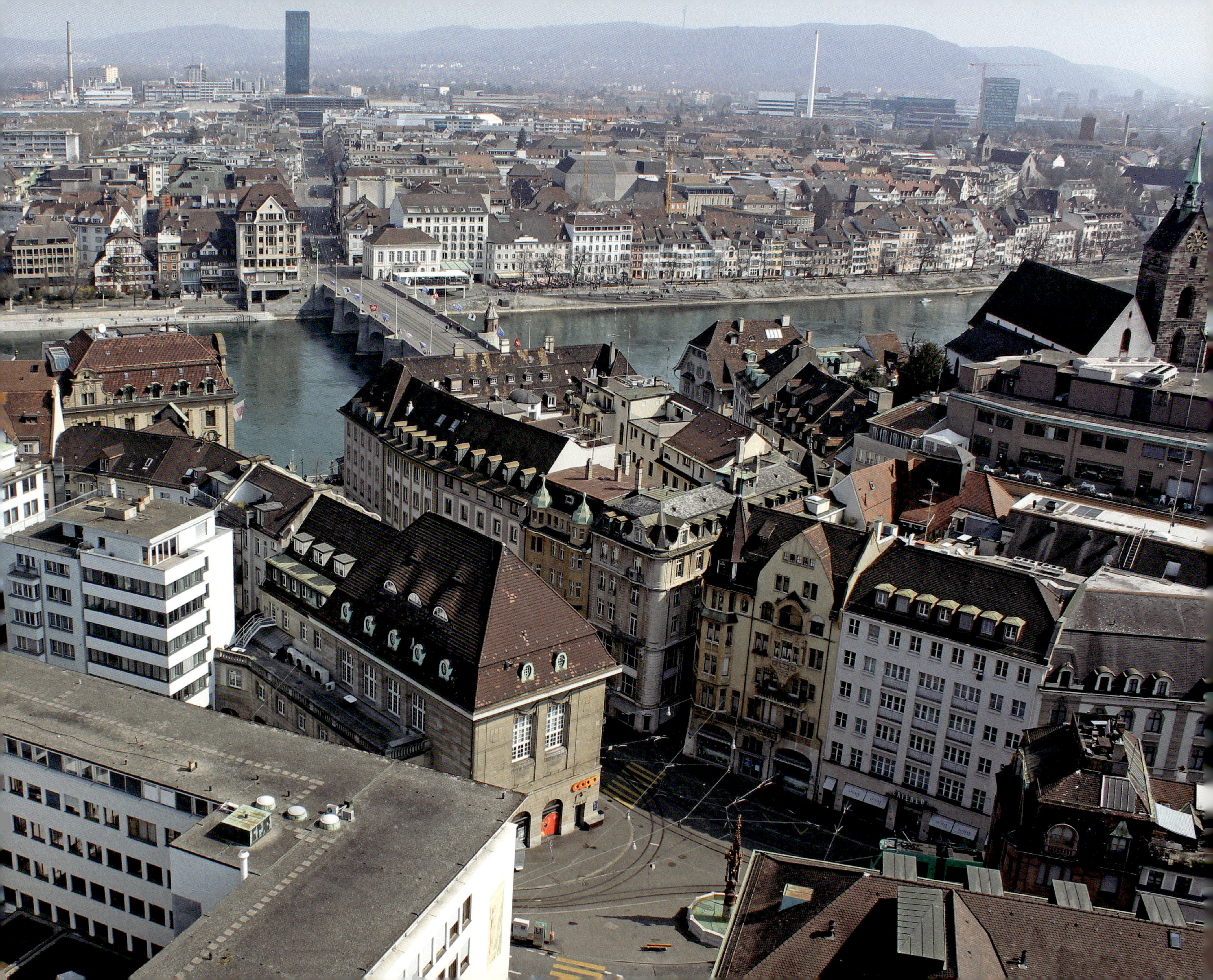

Marktplatz

Das beherrschende Gebäude am Marktplatz ist das nach Plänen von Roman Faesch 1504–1514 entstandene rote Rathaus. Seit jeher findet auf dem Platz täglich der «Märt» statt. Die meisten Gebäude um den Platz herum wurden an der Wende zum 20. Jahrhundert erbaut.

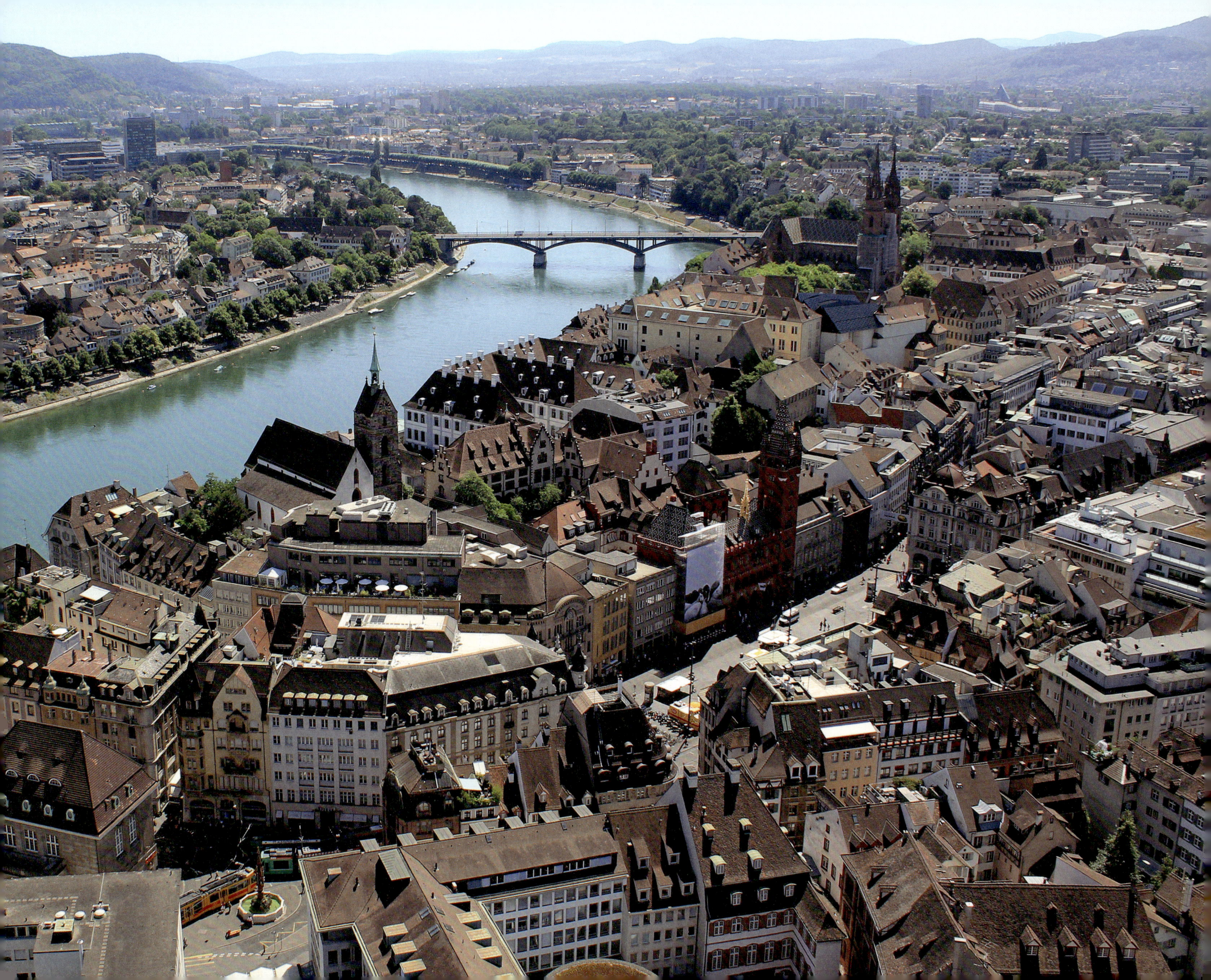

Basel-Landschaft

St. Margarethen-Kirche

Die St. Margarethen-Kirche stammt archäologischen Funden zufolge aus dem 11. Jahrhundert. Erstmals erwähnt wurde sie 1251 als Pfarrkirche im Besitz des Bischofs. Die Kirche ging vermutlich 1004 mit der Schenkung eines Gebiets an den Basler Bischof über.

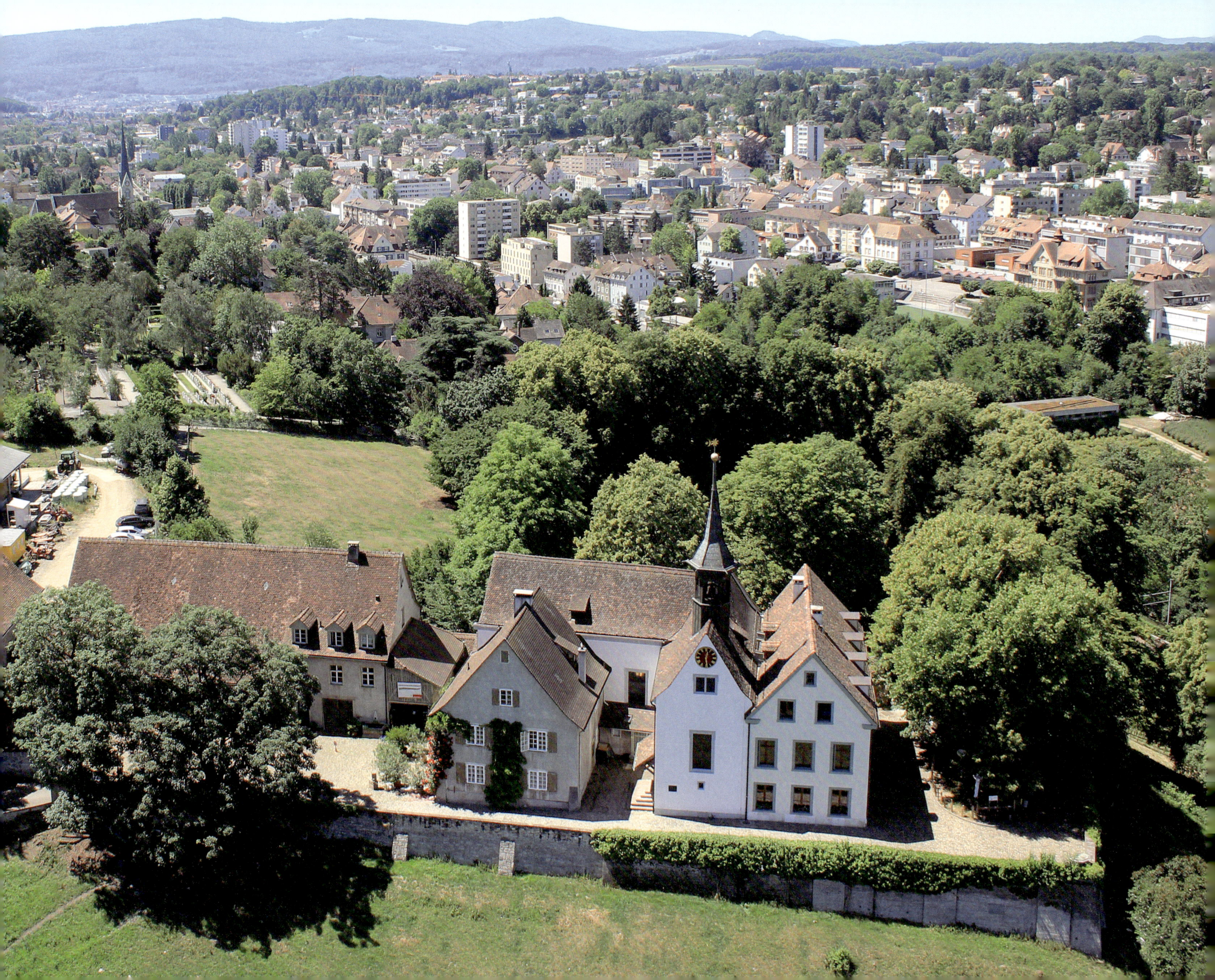

Sternwarte St. Margarethen

Die Sternwarte befindet sich auf dem Bruderholz oberhalb der Kunsteisbahn Basel. Sie ist nicht nur Sternwarte, sondern auch eine meteorologische Beobachtungsstation. Sie wurde 1929 eröffnet und gehörte bis 2007 zur Universität Basel. Seit der Auflösung des Astronomischen Instituts wird sie vom Astronomischen Verein Basel betrieben.

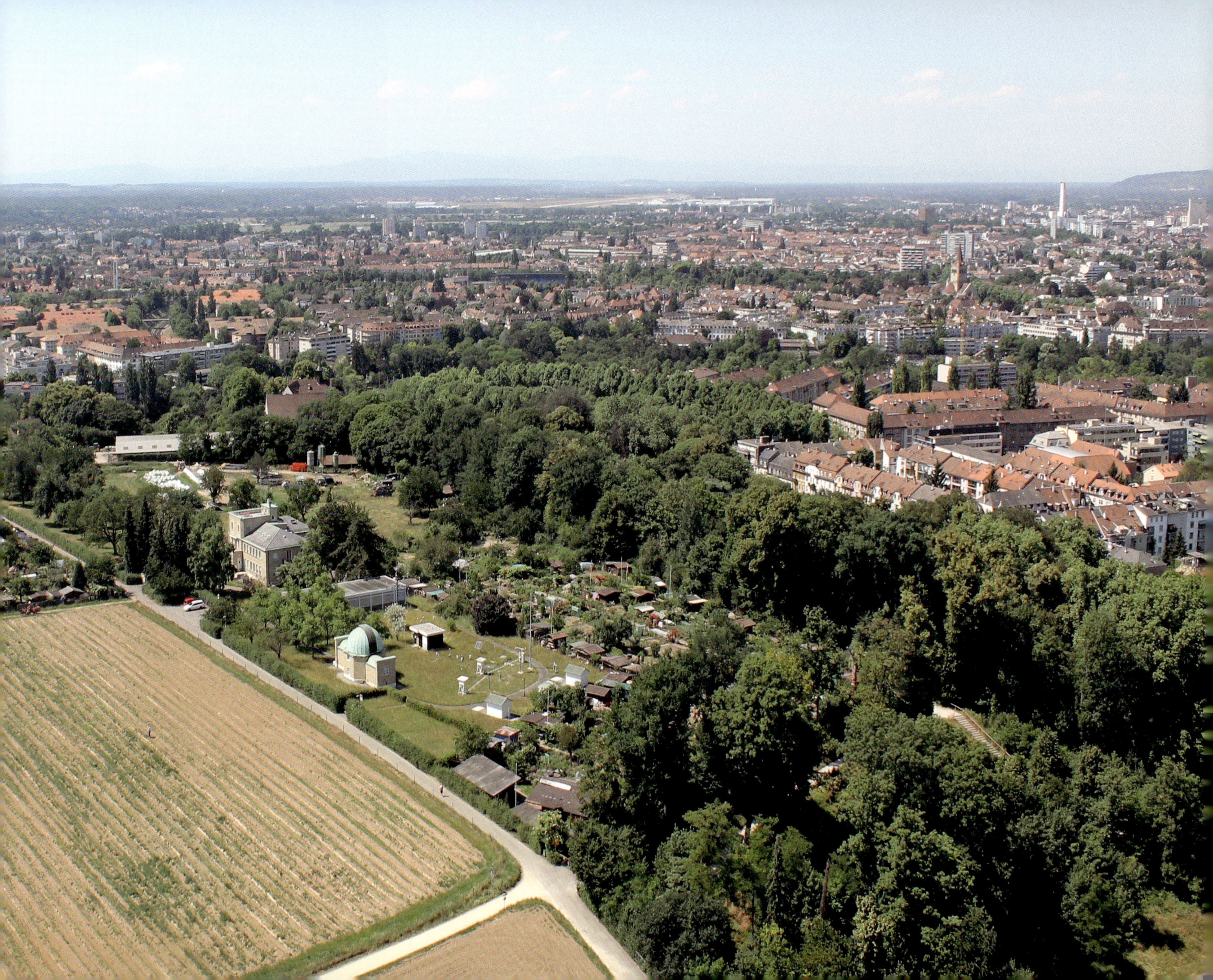

Kraftwerk Birsfelden

Das Kraftwerk Birsfelden steht an der Grenze des Stadtgebiets in der Nähe des Naherholungsgebiets Birschöpfli. 1951 wurde der Architekt Hans Hofmann mit dem Bau beauftragt. Die Schleusen sind mit einer Breite von 12 und einer Länge von 190 Metern für die Schifffahrt eingerichtet. Der imposante Bau gehört zur Gemeinde Birsfelden. 17 Prozent des gesamten Stromverbrauchs in der Grossregion Basel werden in diesem Kraftwerk produziert.

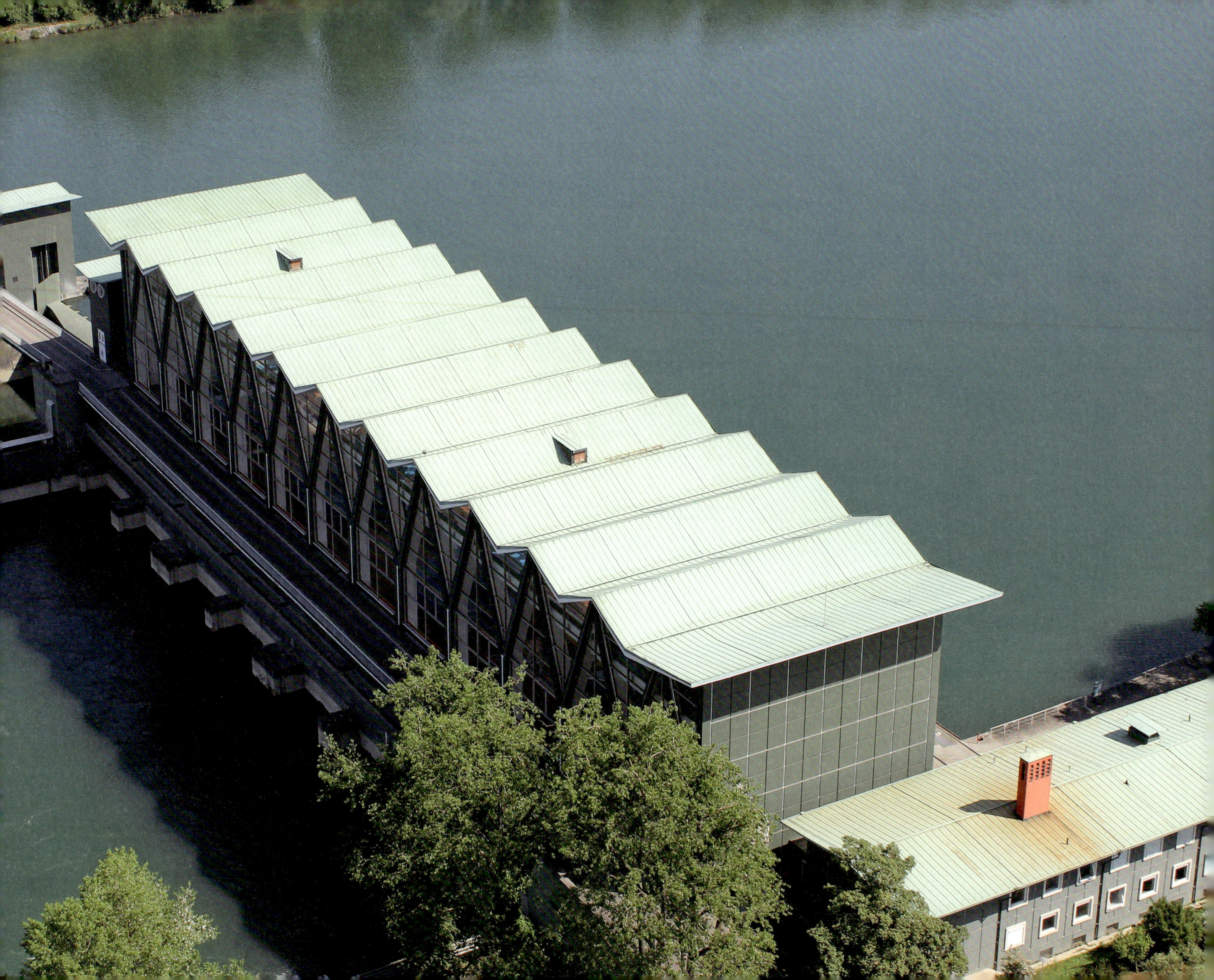

Bottminger Weiherschloss

Das Schloss Bottmingen ist die einzige Wasserburg im Leimental, die bis heute erhalten ist. Das Weiherschloss stammt aus dem 14. Jahrhundert und wurde erstmals 1363 als Besitz der Kämmerer, einem bischöflichen Dienstadelsgeschlecht, erwähnt. Heute beherbergt es einen gastronomischen Betrieb.

Roger Mäder

Roger Mäder wurde 1965 in Basel geboren. Nach seiner Lehre als Maschinenzeichner gründete er 1991 ein Studio für Computeranimationen. 1993 erfolgte mit drei Partnern die Gründung der Firma Day Software. Seit 2004 realisiert er als Filmproduzent und Regisseur Spielfilme und Dokumentarfilme fürs Kino.